达人课堂 李剑 著

从零开始做抖音直播短视频图文带货实操指南

東北大學出版社
Northeastern University Press

图书在版编目(CIP)数据

从零开始做抖音:直播短视频图文带货实操指南/李剑著.--沈阳:东北大学出版社,2025.8.--ISBN 978-7-5517-3822-4

Ⅰ.F713.365.2

中国国家版本馆CIP数据核字第202598W0C1号

出 版 者:东北大学出版社
地址:沈阳市和平区文化路三号巷11号
邮编:110819
电话:024-83683655(总编室) 024-83687331(营销部)
网址:http://press.neu.edu.cn
印 刷 者:湖南金太阳印刷有限公司
发 行 者:东北大学出版社
幅面尺寸:210 mm×285 mm
印　　张:19.5
字　　数:319千字
出版时间:2025年8月第1版
印刷时间:2025年8月第1次印刷
责任编辑:潘佳宁
责任校对:罗　鑫
封面设计:瞿万超
责任出版:魏　巍

ISBN 978-7-5517-3822-4　　定 价:128.00元

前言 PREFACE

抖音能让每个人都拥有流量，而抓住流量，就能抓住这个时代的机会。有人想通过抖音视频的分享，满足爱好、赚取收入；有人想用抖音记录美好生活；有人想通过运营抖音，实现升职加薪……不管你是谁，学好抖音运营都能帮助你改变现状，使生活更幸福。

本书包含了知识经验分享、抖音运营、账号搭建、基础知识、短视频带货、橱窗带货等相关知识，以及直播实操、粉丝群实操、直播短视频避免违规、新人提升、首播准备、新人首播、直播注意事项、流量突破、留人稳人、直播技巧、底层逻辑、视频剪辑、唱歌直播、娱乐主播、抖音达人团购、图文带货、直播带货等多方面内容，并对各方面内容的技巧进行了讲解，使不同行业的读者通过作者提供的直播经验取得更好的直播效果。

《从零开始做抖音：直播短视频图文带货实操指南》从入门知识、短视频拍摄、涨粉策略、直播运营和带货变现五大方面，手把手教你从零基础开始打造高人气抖音号，抢占抖音流量风口。

目录 CONTENTS

第01篇 账号搭建篇

第02篇 橱窗带货篇

第03篇 基础知识篇

第04篇 短视频起号篇

第05篇 短视频实操篇

第06篇 带货佣金篇

第07篇 剪辑剪映篇

第08篇 短视频变现篇

第12篇 开播准备篇

第13篇 直播实操篇

第14篇 新人直播篇

第15篇 首播准备篇

第16篇 首播基础篇

第17篇 新人开播全流程篇

第18篇 首播突破篇

第19篇 照读话术篇

第20篇 首播能力篇

第21篇 首播认知篇

第26篇 新人提升创意篇

第27篇 唱歌直播篇

第28篇 抖音小店和实体商家篇

第29篇 直播违规篇

第30篇 口播云台新增篇

第01篇 账号搭建篇

- ◎ 如何注册一个高权重的抖音号
- ◎ 如何实名认证抖音号
- ◎ 如何搭建账号五件套
- ◎ 新账号如何填写资料
- ◎ 抖音如何调整字体大小
- ◎ 如何给账号打上精准标签
- ◎ 如何七天七个步骤搭建账号
- ◎ 如何快速涨够1000个精准粉丝
- ◎ 如何充值钻石和绑定银行卡
- ◎ 如何设置隐私账号不推荐给可能认识的人
- ◎ 如何查看有效粉丝

第01讲 如何注册一个高权重的抖音号

（以抖音version 33.8.0版本为例）

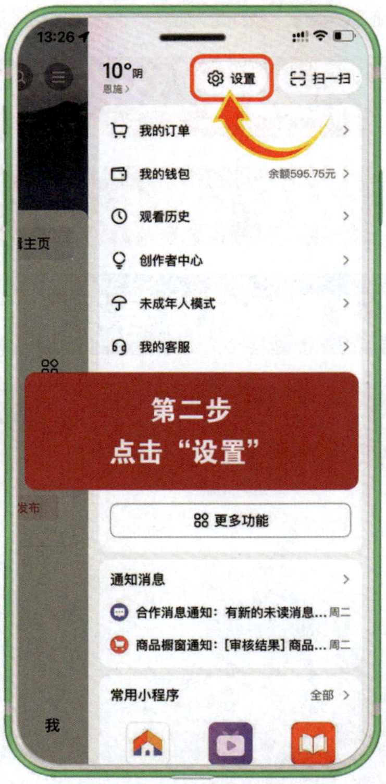

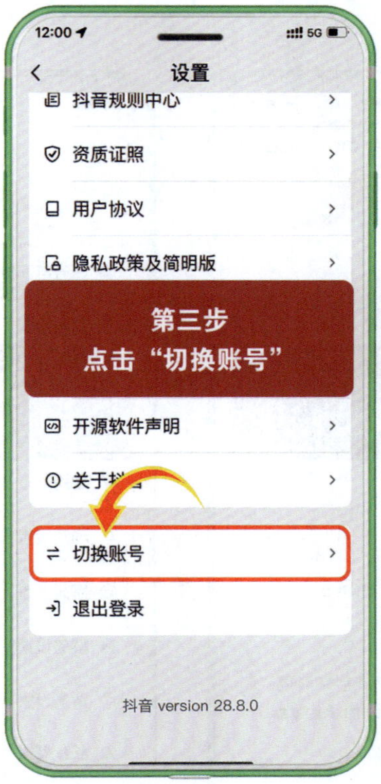
12:00
5G
设置
抖音规则中心
资质证照
用户协议
隐私政策及简明版
第三步
点击“切换账号”
开源软件声明
关于抖音
切换账号
退出登录
抖音 version 28.8.0

12:00
5G
切换账号
管理
达人课堂
0 粉丝 · 0 朋友
@超哥.
57 粉丝 · 1 朋友
第四步
点击“添加或注册新账号”
利川烟花哥
9 粉丝 · 2 朋友
添加或注册新账号

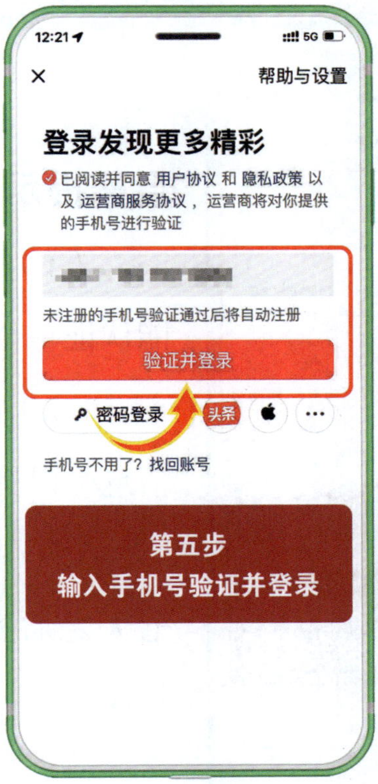
12:21
5G
帮助与设置
登录发现更多精彩
已阅读并同意 用户协议 和 隐私政策 以及 运营商服务协议，运营商将对你提供的手机号进行验证
未注册的手机号验证通过后将自动注册
验证并登录
密码登录
头条
手机号不用了？找回账号
第五步
输入手机号验证并登录

12:20
5G
帮助与设置
请输入验证码
验证码已通过短信发送至 +86 139 1167 9882
7563
44
登录
收不到短信？获取语音验证码
第六步
输入验证码登录

第02讲 如何实名认证抖音号

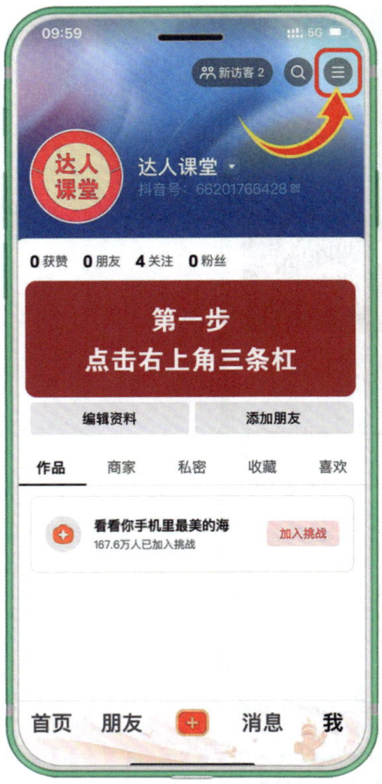

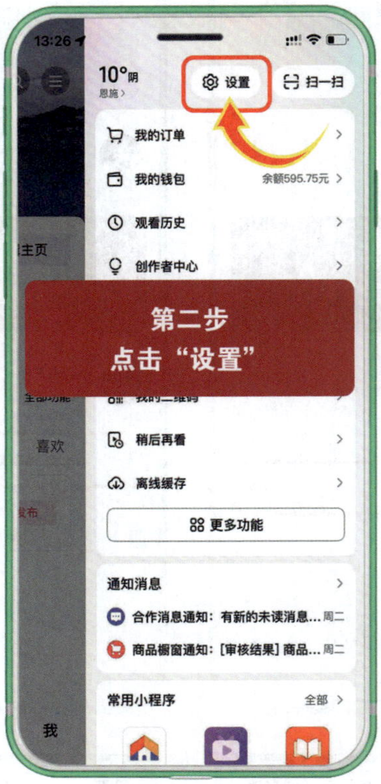

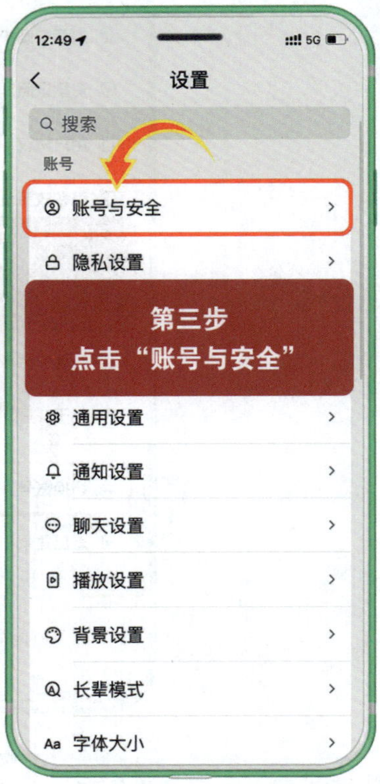

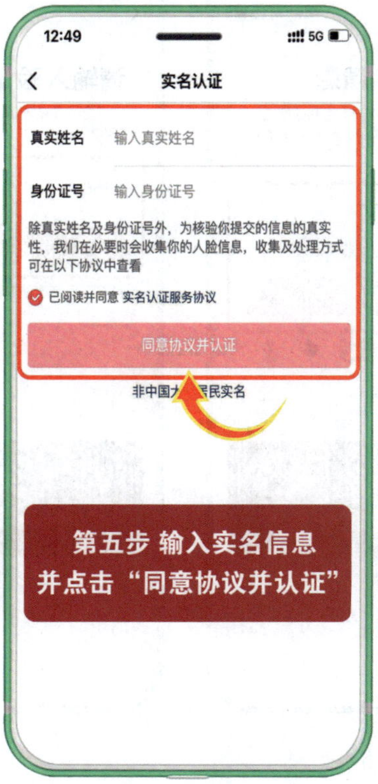

温馨提示

（1）一个身份证只能认证一个抖音号；

（2）认证后的实名信息可以更改；

（3）抖音账号注销七天之后实名信息可以释放。

第03讲 如何搭建账号五件套

账号五件套包括：抖音名、抖音号、头像、个人简介、背景。

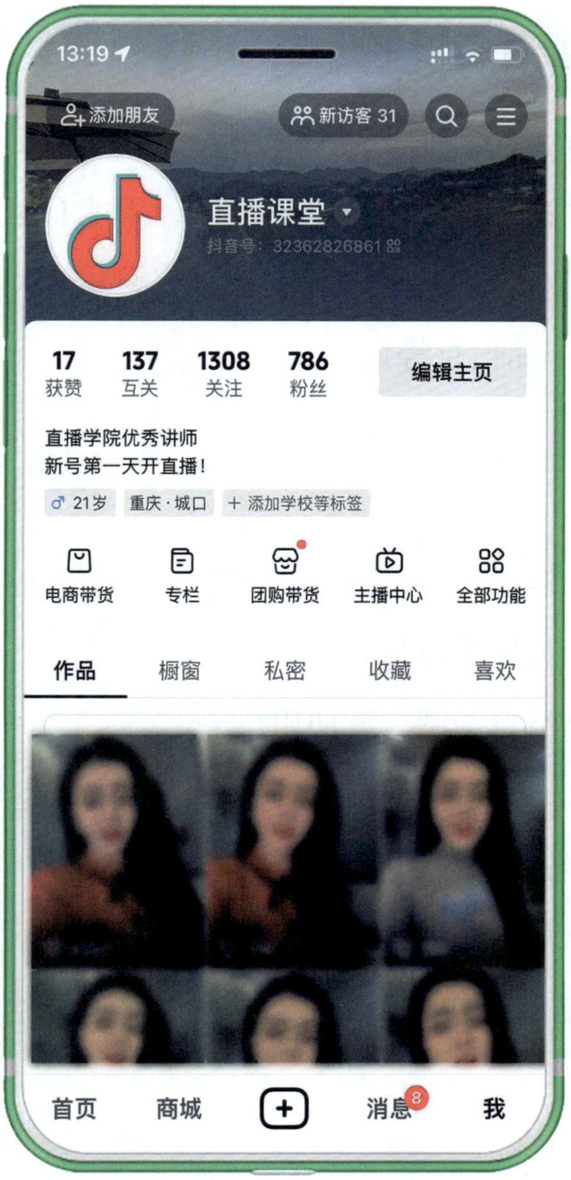

抖音名

抖音名是账号的第一印象，例如：××妈、××爸、××（首播）等，最好加上直播的时间。

抖音号

最多16个字符，只允许包含字母、数字、下划线和点，且180天内仅能修改1次。

头像

头像是账号的形象代表，用清晰靓丽、吸引人的个人高清形象照片，或与直播相关的照片最好。

个人简介

个人简介可以让用户直观地了解账号的主题和内容。例如你是什么类型的主播，能给大家带来什么价值。

背景

背景图需要美观、吸引人，且与账号的主题相关。

第04讲 新账号如何填写资料

为了让抖音平台快速识别我们是做什么的，资料应尽量完善到100%，以便于定位自己的标签。

一、个人账号填写资料不违规，需要注意以下几点：

（1）新账号资料填写不要留联系方式、手机号码；

（2）不要放微信号，例如“V”“薇”“扣”等都不可以，不能有第三方平台引流的信息；

（3）不要放LOGO图片、广告语、产品信息等；

（4）不要写极限用语。

二、如何填写资料？

（1）背景图：建议放有人设的照片或风景图片。

（2）头像：建议用能建立人设的高清自拍图，方便用户记忆。

（3）昵称：建议用简单好记的昵称，尽量不要使用特殊符号、繁体字、生僻字等，方便用户搜索和记忆，不要带有互粉、涨粉等字样。

（4）抖音号：自己喜欢的数字+字母组合即可，不要放联系方式。

（5）个人简介：填写清楚“我”是谁、“我”来平台从事什么、能给大家带来什么样的价值即可。

第05讲 抖音如何调整字体大小

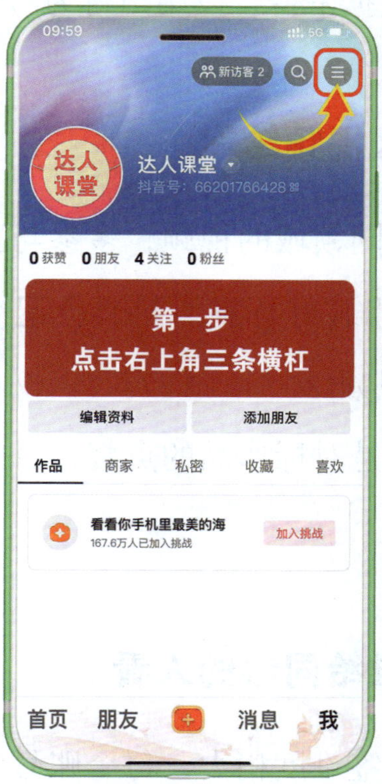

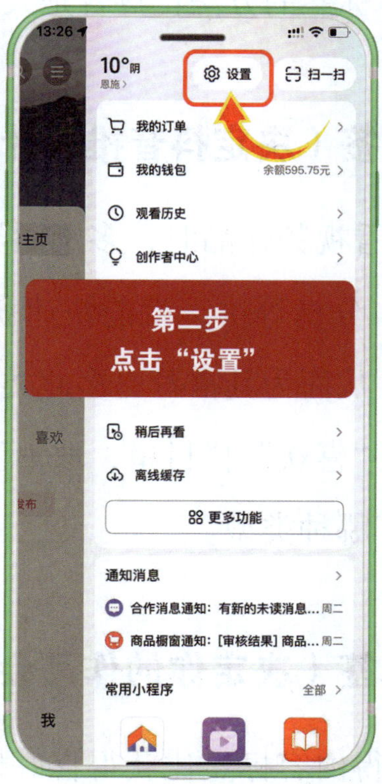

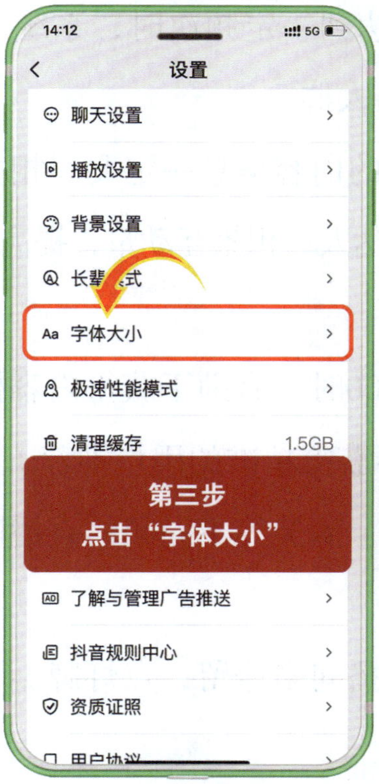

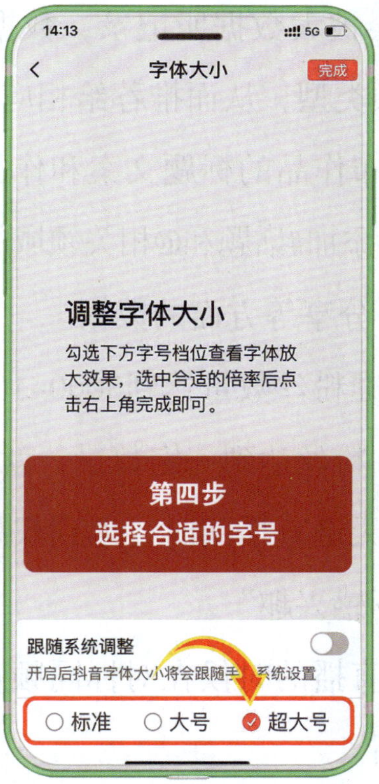

第06讲 如何给账号打上精准标签

给账号打标签的方法：抖音是大数据平台，以用户行为习惯来识别。

一、喜好标签（决定抖音推荐什么视频给你）

（1）观看视频作品时，多刷同类同领域的视频，多参与互动（完播、点赞、评论、分享等），就能快速获得喜好标签。抖音会记录下用户每次参与的数据，从而为其推荐更多此类视频。

（2）在“喜欢”栏目里，取消不是对标作品的点赞，目的是让抖音识别出账号属于哪种类型。

二、内容标签（决定你的作品会推给同频的人看）

（1）获得内容标签比获得喜好标签难度稍大，每个账号的活跃痕迹和发布痕迹都会被大数据所记录，数据达到一定频次时，系统才会判定该账号发布的视频类型，从而推荐给相应的人群。

（2）发布作品的标题文案和作品的内容信息一定要有相关的行业关键词，同时需要添加#话题和@相关领域的达人，积累互动量，提高视频的完播、点赞、评论、分享等方面的数据。

（3）精准粉丝数量达到3000~10000时，有助于获得内容标签（只要作品发布垂直，粉丝达到一定数量，就会获得精准的用户推荐）。

（4）每天逛直播间时，遇到娱乐、搞笑等不同频的直播间时，长按屏幕，点击“不感兴趣”。

（5）看直播的时候在对标同频直播间多停留，点灯牌。不要在不同频的直播间停留。

（6）创业号、生活号要分开，打算开播的抖音号就不要浏览不对标内容，规范自己的使用行为与习惯。

（7）涨粉丝、占榜、收榜。只收对标同频直播间里面的人，不同频的收了也没用，即使他们来了也不会停留。

（8）发布对标作品，随时查询创作灵感是否定义好，放大镜搜索创作灵感，搜索出来的内容与自己所从事的行业相关即可。

第07讲 如何七天七个步骤搭建账号

第一天：定位（定位定江山）

1.领域定位【娱乐、带货、干货】

2.人设定位【宝妈、打工、负债、线下创业失败】

3.作品定位【口播类、生活类、对口型类】

4.变现方式【钻石+带货+成为金牌主播】

第二天：找对标

1.了解自己

清楚自己是什么样的性格，比如内向、外向、泼辣等。

2.有效选择

根据自己的性格，选择2~3个主播进行学习。

（1）认同他们直播的内容；（2）能听懂他们讲的内容；（3）他们的直播风格是自己想走的路线。

3.学习整场的流程

再碎片化地学习每个主播的知识点，想要把直播间真正做起来，一定要了解整场直播的流程，比如：开场、抛话题、讲主题、互动、控场、下播，这些都是需要学习的，静下心来，不要浮躁。

4.有效学习3~7天

根据自己的学习进度选择需要的学习时长。

5.学会总结

一味地学习模仿只会让自己越来越迷茫，要学会思考总结。

第三天：贴喜好标签

1.作品端：给同行作品完播、点赞、评论、关注。

2.直播端：对标直播间做四件事：亮灯牌、打字、点赞、送小礼物。

3.作用：让抖音根据你的行为轨迹打上喜好标签，增加行业黏性。

第四天：完善个人五件套

1.背景图

背景图可以用风景、系统自带的或者自己的照片等，但是不要违规，不要出现引流或者打广告的嫌疑，例如，生活中开的什么店面，把这个门头照片拍下来作为背景图是不行的。

2.头像

建议头像用本人的高清照片，可以去对标直播间模仿同行的。不建议用宝宝的、卡通的图片，不要用“互赞”“关注”等字眼。

3.昵称

昵称宜使用2~3个字的词语，好记忆、好理解、好传播，最好不要带有特殊符号，不然不容易被人搜索到，名字越接地气越朗朗上口越好，比如什么哥什么姐，什么妈妈什么爸爸，可以多去直播间参考同行的名字，就像是自己的艺名一样，但是别太高高在上了，不然容易产生距离感。

4.个人简介

不要只有感谢感恩这样的话，这是别人同行认识我们的一个窗口，就是自己的名片，主要围绕你是谁，你是做什么的，你能给别人带来什么价值，等等。可以去模仿同行。

5.抖音号

抖音号可以自行设置，180天内只能修改一次，用简易好记的字母或数字进行设置，新人前期先不用着急更改，后面再改就行，不要用微信号和电话号码。

注意：五件套不要有敏感词、广告、电话号码等。

第五天：涨粉丝

1.六字原则：精准、活跃、新鲜。

2.方法：对标直播间曝光（亮灯牌、评论、送小礼物，有条件的话占榜最快）

。

第六天：发作品

1.三种类型【选择一种适合自己擅长的】

（1）生活类；（2）口播类；（3）对口型。

2.四大垂直

（1）内容垂直；（2）人物垂直；（3）封面垂直；（4）文案垂直。

3.作品要优质

（1）清晰度；

（2）热门音乐（首页推荐、热歌榜）；

（3）文案（模仿，改编）；

（4）画面有看点，画风独特。

第七天：开直播

四大好处：

（1）增加账号的热度；

（2）作品破播放上热门；

（3）达到变现的目的；

（4）加快成长的速度。

【提示】在讲一个话题之前，一定要学会做铺垫，包装你的主题，接下来是话术演示，大家可以参考借鉴。话术作为参考，根据自己的实际情况进行改编。万丈高楼平地起，搭建账号是基础、是方向。很多新人前期不会搭建账号，就盲目地开直播，结果作品的播放量不高，直播间推流不精准，来的人留不住，观看人数卡在个位数，越播越没有信心，所以账号的前期搭建是至关重要的。

第08讲 如何快速涨够1000个精准粉丝

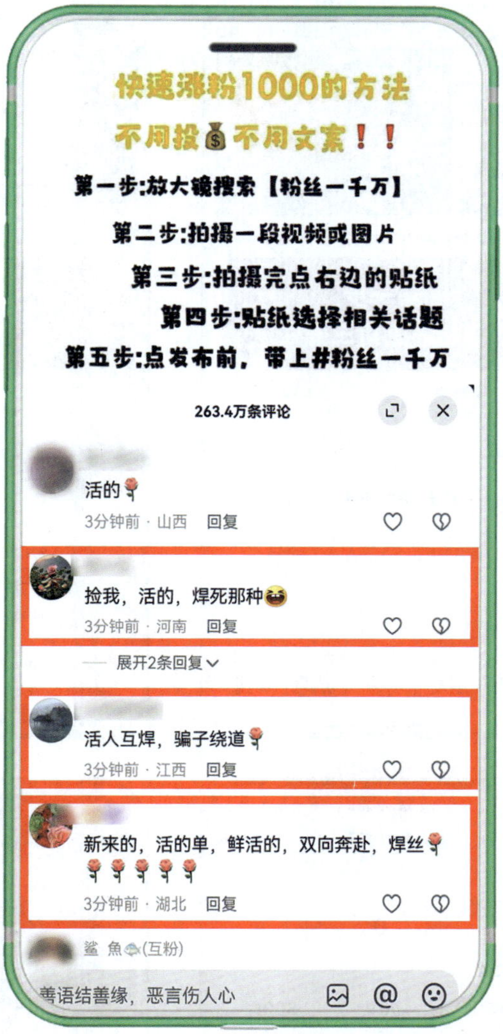

解析第一幅图

（1）去对标主播直播间评论区活跃互动，打字交朋友；

（2）去对标主播直播间送花花草草曝光自己；

（3）去对标主播直播间占到榜前十，这样涨粉最快。

解析第二幅图

刷到对标作品，评论区评论、互粉、互助等。

第09讲 如何充值钻石和绑定银行卡

第10讲 如何设置隐私账号不推荐给可能认识的人

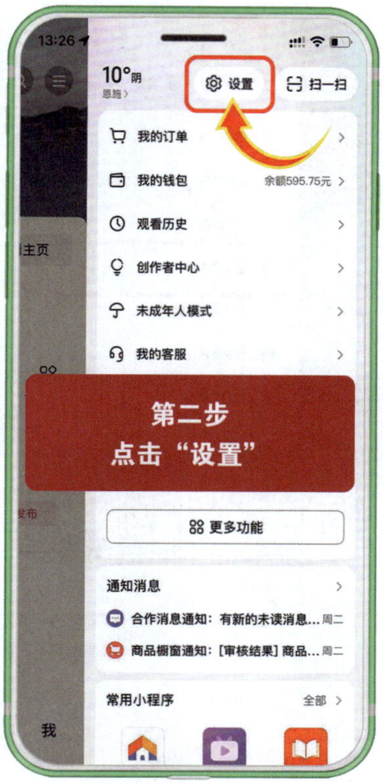

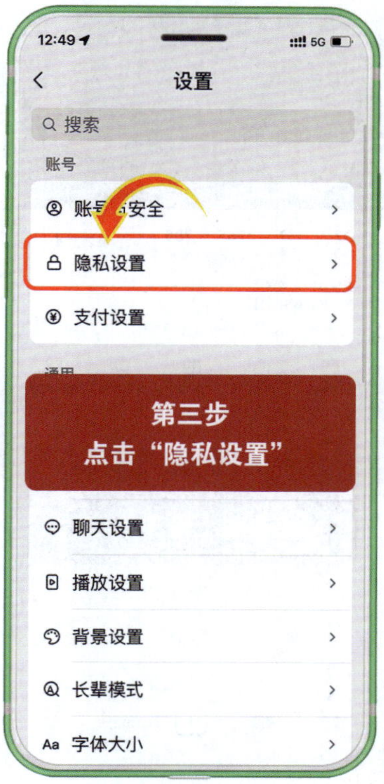

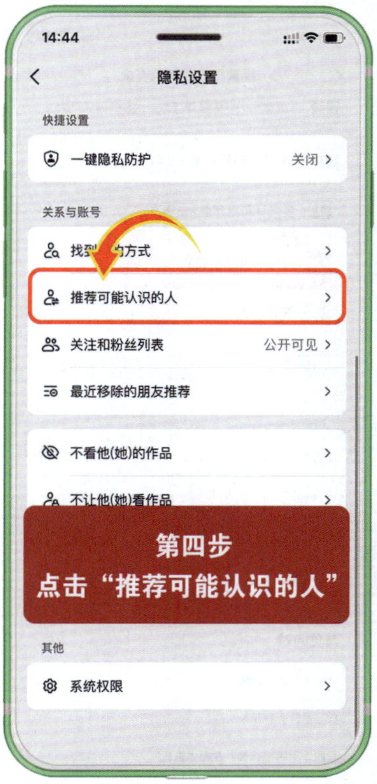

第11讲 如何查看有效粉丝

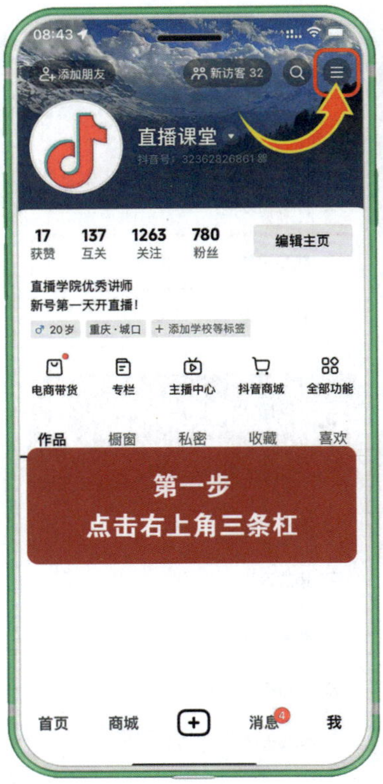

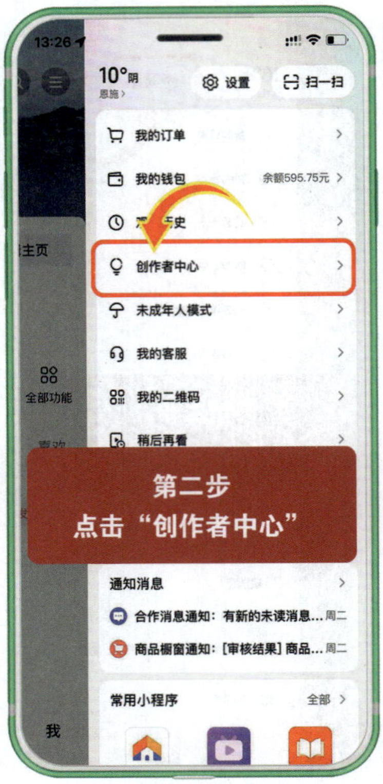

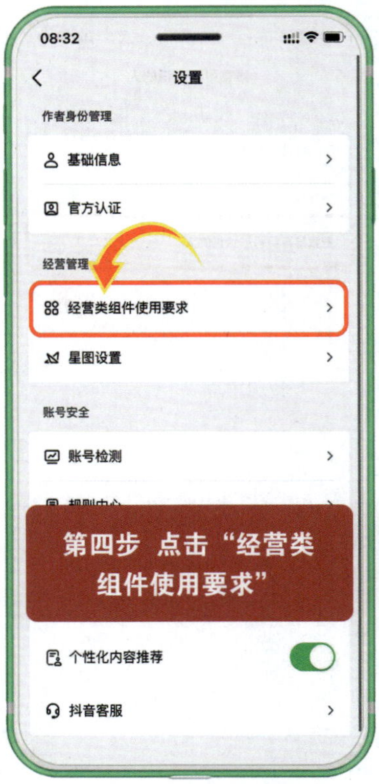

第02篇
橱窗带货篇

◎ 如何开通商品橱窗

◎ 如何添加商品

◎ 直播间如何挂车带货

◎ 直播间如何给商品设置讲解

◎ 如何调整商品的顺序

◎ 橱窗如何免费托管

◎ 如何免费申请样品

第12讲 如何开通商品橱窗

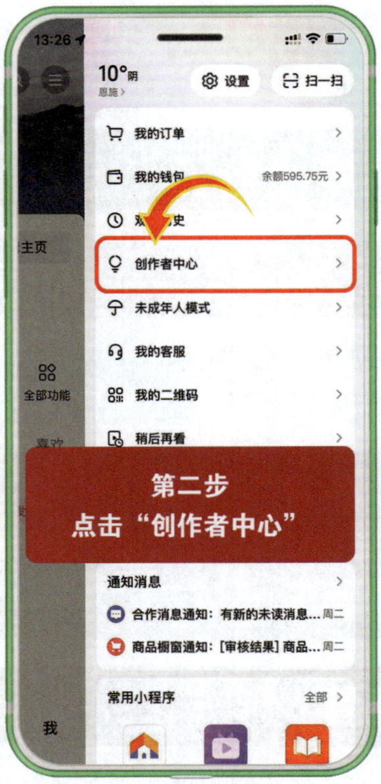

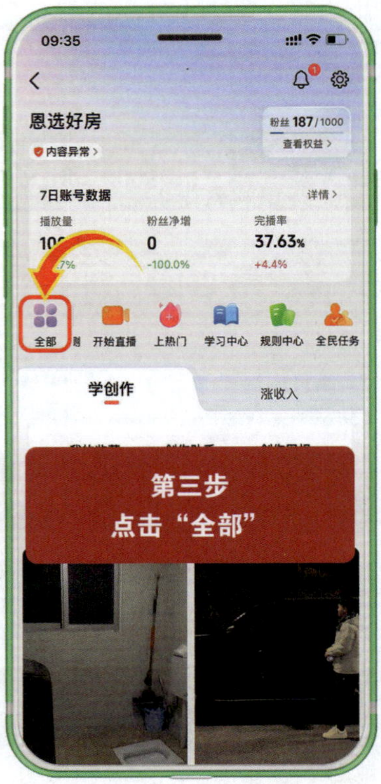

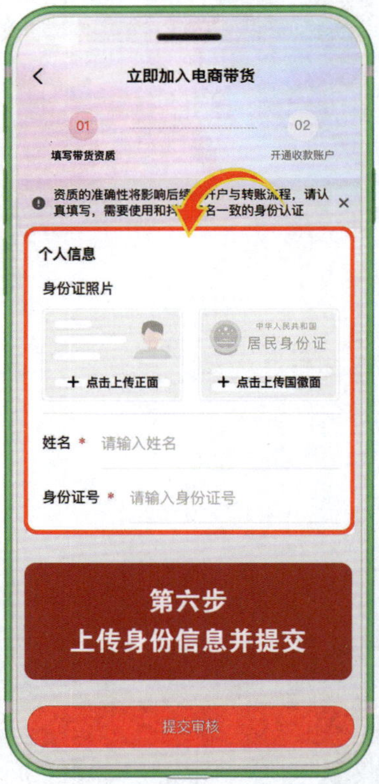

第13讲 如何添加商品

13:48
直播课堂
15 获赞 211 朋友 1016 关注 939 粉丝
电商带货
进入移动百应
课程专栏
主播中心
编辑资料
添加朋友
作品
橱窗
私密
收藏
喜欢
第一步
点击“电商带货”
首页
朋友
消息
我

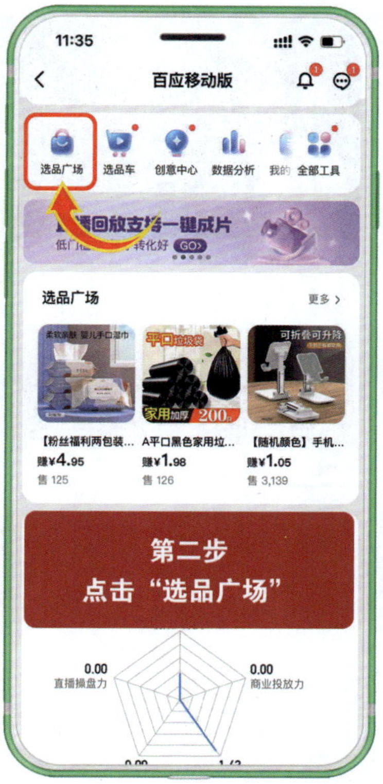
11:35
百应移动版
选品广场
选品车
创意中心
数据分析
全部工具
选品广场
更多
第二步
点击“选品广场”
0.00
直播操盘力
0.00
商业投放力

9:17
商品
店铺
腾龙书店
搜索
爆款榜
同行跟选
第三步
搜索店铺或商品名称
精选
橱窗
服饰内衣
美妆
食品饮料
个护家清
加选品车
首页
选品车
消息
我的

店铺详情
腾龙书店
联系商家
近30天推广信息
第四步
点击“加选品车”
【书店】从零开始做抖音直播图文带货实操知识分享主播学习...
售价
¥69
佣金
50%
月销
2万+
好评
95.1%
长江书店
加选品车
没有更多了

第14讲 直播间如何挂车带货

第15讲 直播间如何给商品设置讲解

注意事项

（1）不要在直播间讲解小黄车里面没有的商品；

（2）讲解商品时，最多要每隔5分钟弹窗讲解一下；

（3）在拉流量的时候，尽量不要挂小黄车，因为一旦挂小黄车，抖音平台就会考核用户的电商数据，也就是你的卖货能力。

第16讲 如何调整商品的顺序

第17讲 橱窗如何免费托管

一、开启橱窗【免费托管】

1. APP 端

依次点击：抖音→我→电商带货→橱窗→去经营→免费托管。

2. 开启后的效果

开启橱窗免费托管后，橱窗商品分为托管商品与非托管商品，非托管商品是你自主选择添加到橱窗的商品，也可以进行操作将托管商品设置为非托管商品。

系统会为你智能分析商品的转化效果，更换、上新橱窗内的托管商品。托管期间内，每 7 天系统会再次分析橱窗内商品的转化情况，进行“托管商品”的更换上新。

【注意】开启橱窗托管后，不能继续使用【一键添品】功能。

二、查看【橱窗托管】经营数据

橱窗托管期间，达人可以随时关注本次托管期间产生的 GMV。

APP 端：抖音 APP→我→电商带货→橱窗。

三、关闭橱窗【免费托管】

橱窗托管期间，可以随时关闭托管，但请勿频繁开关托管，保持托管开启有助于橱窗成交金额稳定增长！每天最多开启托管 3 次。

APP 端：抖音 APP →我→电商带货 → 橱窗 → 托管设置 → 结束平台托管 → 结束托管。

第18讲 如何免费申请样品

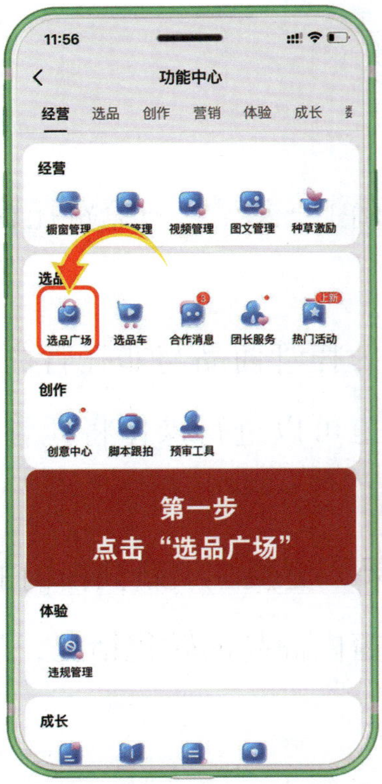

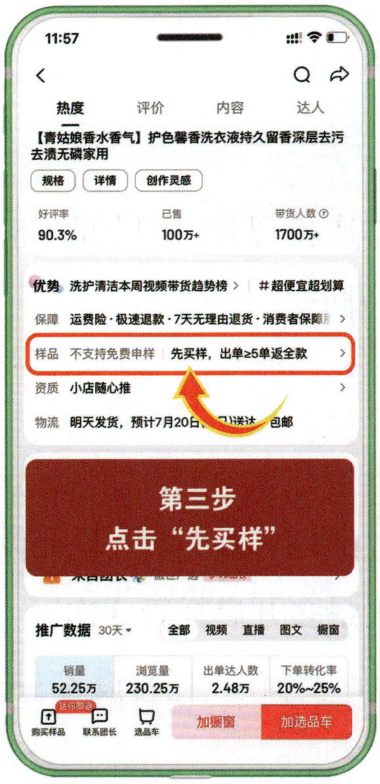

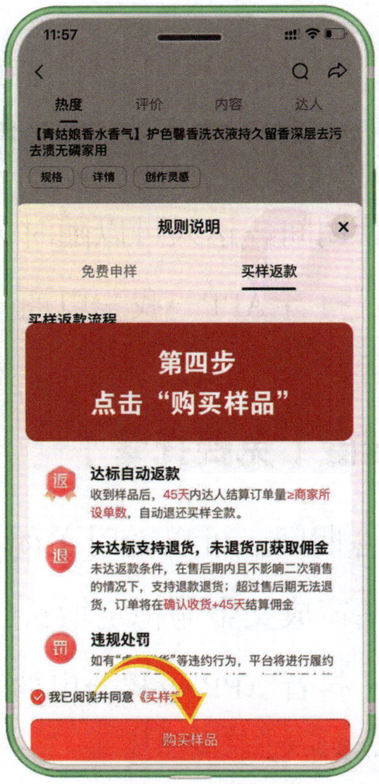

第03篇
基础知识篇

◎ 如何检测账号是否违规以及清理僵尸粉

◎ 如何查举报和违规及限流

◎ 如何开通企业号

◎ 蓝牌消费等级示意图

第19讲 如何检测账号是否违规以及清理僵尸粉

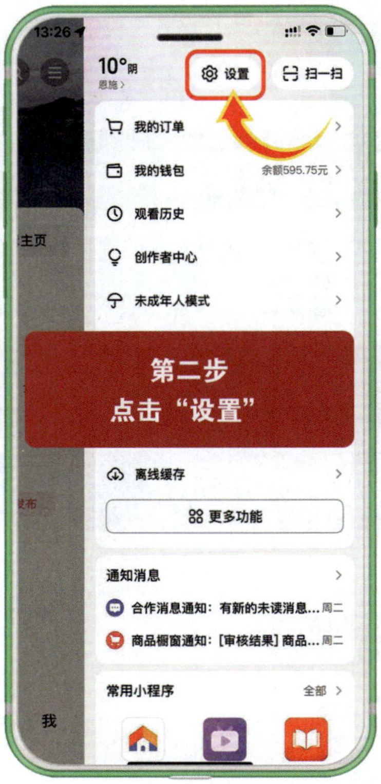

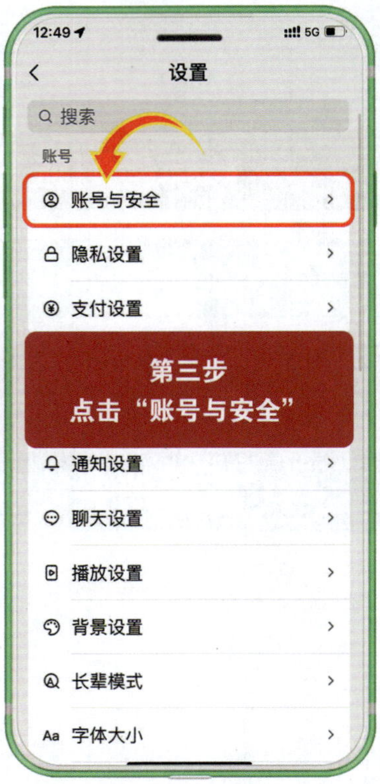

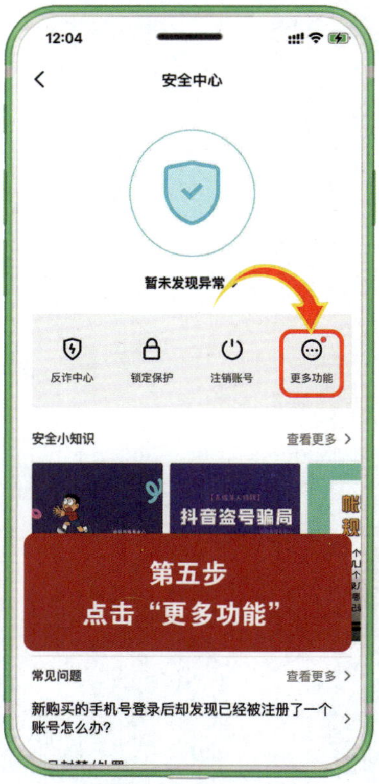

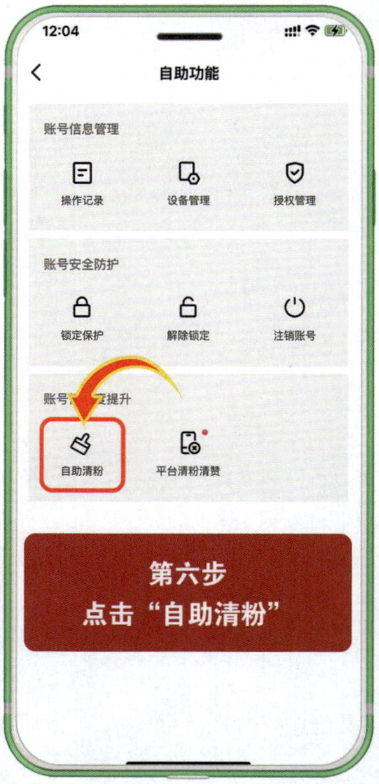

第20讲　如何查举报和违规及限流

一、抖音APP搜索“抖音灵机”

（1）下播后打开抖音APP，搜索“抖音灵机”，点击小程序进入页面查询，最上面可以复盘查询往期举报违规数据。

（2）电脑开播，开播前可以用电脑打开“抖音灵机”，网址为https://www.douyin.com/ livedata。

（3）直播间限流提醒，可以让用户实时了解到直播间违规被限流的情况，可对比实时数据，及时发现限流的开始和结束，实时调整直播间内容。

二、“抖音灵机”能帮我做什么？

目前，“抖音灵机”的四大模块包含实时数据、活跃观众动态、违规提醒、播后复盘。

下播后可查看平台提供的分析数据，便于主播基于观众信息进行重点维护以及直播后举报回放和播后PK数据分析。

<table>
<tr><th colspan="3">这些数据怎么看？</th></tr>
<tr><td rowspan="4">本场流量来源</td><td>累计观众</td><td>本场直播中进入直播间的总人数，每个观众只统计一次</td></tr>
<tr><td>来自直播推荐</td><td>从直播 feed 流、直播广场、直播间内（榜单、PK等）入口等进入直播间的观众</td></tr>
<tr><td>来自视频推荐</td><td>从短视频入口进入直播间的观众</td></tr>
<tr><td>来自商业化投流</td><td>包括但不限于DOU+等商业化流量加热后进入直播间的观众</td></tr>
<tr><td colspan="3">注：页面只展示了直播推荐、视频推荐和商业化投流三个渠道，还有来自同城、关注等其他渠道的观众未展示来源。因此页面中三个渠道的观众相加并不等于累计场观。此外，当同一名观众从不同渠道多次进入直播间，计算占比时将会在每个进入的渠道各统计一次。</td></tr>
</table>

三、违规提醒

直播过程中的违规记录（违规次数和违规原因）按照时间轴的方式呈现出来，主播可以及时进行直播内容调整。

展示最近两次重复违规的原因，当主播因同样原因重复违规时，平台会提示原因和次数。

主播可以这么用！

某二次元主播：我老是感觉自己被限流了，但是也不确定，能看到限流提醒太好啦！这样我可以及时去调整我直播的内容。

某唱歌主播：我在唱歌的时候收到违规提醒，但也不知道哪一首歌违规了。看到违规时间线就可以推测一下哪首歌有问题，我就换一首歌进行演唱。

某新人主播：我之前违规都不知道为什么。体验了这个功能，很及时，看到违规原因就不会因为同一个原因一直违规了。

四、播后举报回放

举报回放功能能够让用户看到被频繁举报的片段，了解被观众举报的原因，进而进行内容的调整，提升后续直播的表现。

（1）最多展示本场直播被举报最频繁的5段6分钟回放；

（2）告知主播高频被举报片段的top3举报原因，但要注意举报和违规处置不相关，举报原因不等于违规处置原因。

第21讲 如何开通企业号

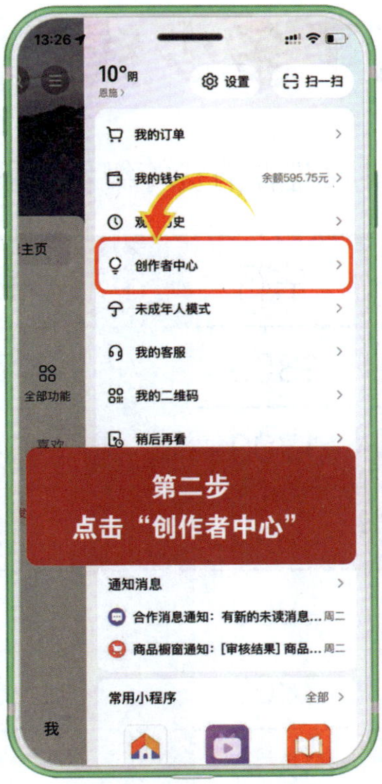

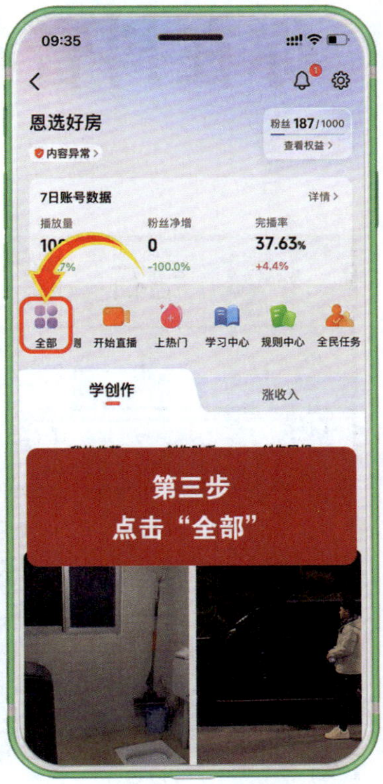

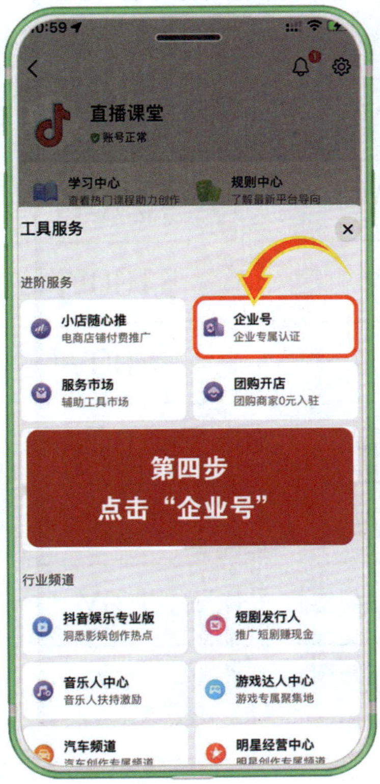

旧版企业号：

支持关闭企业号并变更为个人抖音号。

新版企业号：

从2024年9月20日起，一旦认证完成，将不支持变更为个人抖音号，若不再使用，只能选择注销账号。

第22讲 蓝牌消费等级示意图

你在抖音花了多少钱?

抖音蓝牌消费等级示意图

等级	钻石	等级	钻石	等级	钻石	等级	钻石
1	1	16	1300	31	7W	46	480W
2	7	17	1700	32	10W	47	610W
3	16	18	2200	33	13W	48	789W
4	29	19	2900	34	17W	49	1000W
5	45	20	3800	35	23W	50	1300W
6	66	21	5200	36	30W	51	1700W
7	90	22	6600	37	39W	52	2300W
8	132	23	8700	38	51W	53	3100W
9	175	24	1.1W	39	68W	54	4090W
10	243	25	1.5W	40	89W	55	5100W
11	320	26	2.1W	41	110W	56	6800W
12	421	27	2.6W	42	150W	57	9800W
13	573	28	3.4W	43	200W	58	1.25Y
14	732	29	4.4W	44	260W	59	1.6Y
15	971	30	6W	45	340W	60	2Y

第04篇
短视频起号篇

- ◎ 新人起号全流程
- ◎ 短视频起号思维
- ◎ 短视频发布频率
- ◎ 短视频常见的6种风格
- ◎ 短视频封面开头文案公式
- ◎ 短视频常见问题
- ◎ 短视频破播放的5个维度
- ◎ 不同时长上热门作品数据参考
- ◎ 二创有哪些注意事项
- ◎ 如何查询作品是否被推荐或限流

第23讲 新人起号全流程

（1）发布话题最好超过2个，不超过5个，在起号阶段没有基础粉丝的情况下，在18点之后发布作品容易造成分发速度过慢。话题推荐按照话题数量由少到多进行选择，不建议选择过长且无意义的话题。

（2）标题可以去竞争达人作品的优质评论中提取。

（3）话题要么在前要么在后，要注意观众的体验感。

（4）起号阶段昵称、头像、头图、标签要有关联性。例如，头像是一个农民，昵称是“不是农村人的农村人”，个人简介是“农民一个，没啥本事，就是能吃一点苦，娃娃们呀！好好学习哦！”头图是干农活时候的照片。

（5）作品一定要抓住“新（新鲜没见过）、奇（令人好奇）、特（特殊）”的特点。

（6）标题、话题、封面文字、短视频字幕、短视频配音、短视频配乐，如果能紧扣一个短语主题，会很大概率被打标签从而成为搜索文字或者“小蓝词”。

（7）量变引起质变，前期稳定在每2天发布1篇或1天发布1篇。

第24讲 短视频起号思维

（1）赛道永远是包含各行各业的，你的作品是给你的粉丝看的，而不是给你自己看的。

（2）重视数据分析，重点分析上一期短视频获得点赞的点在哪里、流量在哪里、槽点在哪里。

（3） DOU + 作用有限，只是锦上添花而不是雪中送炭。

（4）你的标题、封面、地点、设备常用情况、话题都会影响自身的流量。

（5）你需要确定作品观看的人群是正常的粉丝，而不是你的朋友、家人、同事。

（6）复制指的是复制别人作品的“灵魂”，而不是完全复制其他人说了什么、如何拍摄。

（7）一定要确定你的手机登录的抖音号少于3个。

（8）发视频需要围绕一个时间点去发。

（9）制作短视频时要确定自己的作品吸引粉丝的点在哪里、作品让别人关注的点是什么、作品让人评论的关键点在哪里。

（10）顺势而行，就像玩网络游戏，你想上分就要跟着版本走，寻找属于自己的方向和优势。

（11）起号一定要保证作品更新的频率，如果起号时发现流量不好，要立即更换短视频方向或者内容展示方式。

第25讲 短视频发布频率

1个月+更新1个作品

长时间不更新作品，账号会被系统标记为僵尸号，活粉已经大规模取关，后期即便是恢复更新，再想起步也会困难重重，非必要不推荐断更。

半个月发1个作品

半个月更新一个作品，账号活跃度会大幅下降，粉丝活跃度飞速下降，开始小规模掉粉，应尽快恢复更新。

1周发1个作品

1周发1个作品会影响账号活跃度，播放量、活跃度出现下降；如果是新号，涨粉的速度会变得很慢。

1天发1个作品

账号权重活跃不影响，流量集中，推送也更加密集，作品上热门的可能性最大。

1天发3个作品

不影响播放量和活跃度，但一天发布多个作品会导致推送流量不精准，很难上热门。推荐1天1更或者一周3更。

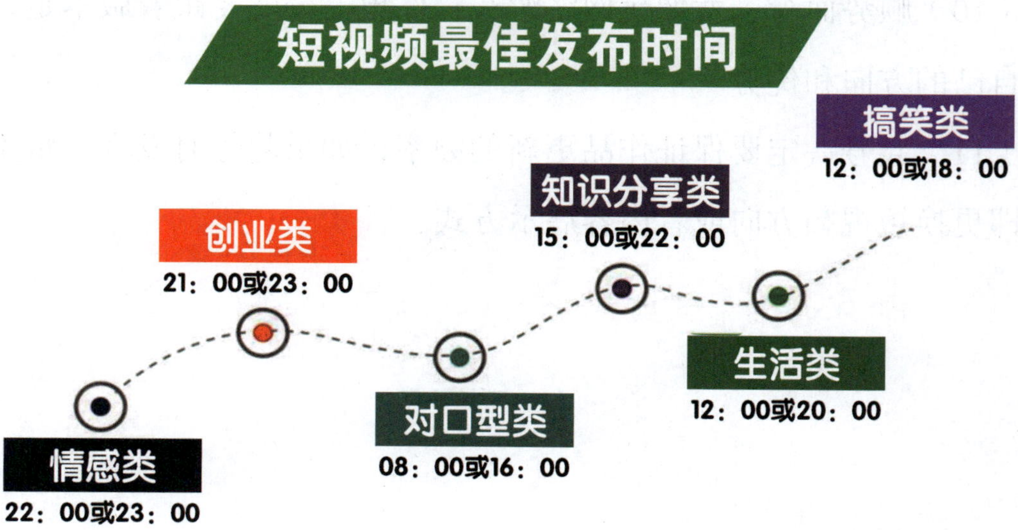

第26讲 短视频常见的6种风格

对口型类	知识分享类	搞笑类
搬运剪辑类	电影剪辑类	美食分享类

第27讲 短视频封面开头文案公式

一、疑问＋求真＝吸引认知

示例：玩木制合成弹弓的人为什么越来越少？给大家分析一下优点和缺点。

二、数字＋对比＝异化好奇心；数字＋方式＝异化好奇心

示例：月薪3000元与月薪30000元文案的区别（对比）。

示例：××实物，帮你解决10多种皮肤问题（方式）。

注意：数字＋方式一定要有理有据，不要夸大。

三、悬疑＋……＝激发好奇

悬疑＋不符合常理＝抓好奇。

示例：谁说富不过三代，看看罗斯柴尔德家族再说。

示例：都说他是坏蛋，你却不知道……

四、情绪＋情景＝带入

示例：夏天燥热，让我来告诉你如何平静。

示例：你有多久没有看到过清晨的太阳了？进来看看，真的很美！

第28讲 短视频常见问题

删除作品对账号有影响吗?

大批量删除会有影响，三天删除一个不会有影响，但点赞数会变少，建议作品直接隐藏，不要删除。发布的作品，不能重复发布，之前删除的也不行。

互关来的粉丝有用吗?

必须是同领域的，不同领域的反而会影响账号推流和权重，拉低作品完播率，不利于账号整体质量。

断更对账号有影响吗?

有，账号一旦开始更新作品，一定要坚持定期更新，否则会影响流量从而前功尽弃，断更1~2个月后账号需要重新起号（根据账号影响力与权重计算）。

新账号需要养号吗?

需要，新账号前5天模拟真实用户活跃，第6天开始尝试每周3条作品，属于新账号期间不要随意变更地址和设备。

账号被限流了怎么解决?

先检测账号找到问题，隐藏或删除违规视频，持续发生活随拍或自拍视频，直到恢复流量。

新号常见播放量问题

限流流量池：播放量0~100	搬运或违规
初始流量池：播放量200~490	内容低质或账号没有标签
千人流量池：播放量3000~5000	提升作品质量
万人流量池：播放量1万~2万	内容保持垂直
待热门流量：播放量10万~20万	有人工审核

流量低于200的原因

1. 播放量（0~100）

主要原因：作品违规、搬运、劣质。解决方法：检测账号是否有违规，每个作品投DOU + 检测，不能投DOU + 的作品全部隐藏。

2. 播放量（100~200）

主要原因：有明显的营销行为或内容质量很差。解决方法：看有无品牌LOGO及联系方式，作品有无水印，视频是否清晰，内容是否低质。

01 视频拍得越多起号越快是真的吗？

真的，但是低质量作品发多了，反而容易变成僵尸号，要抓好视频质量。

02 播放量只有几十、一百的僵尸号怎么重启？

发10条原创高质量视频。

03 口播视频怎么拍流量大？

换拍摄角度、换场景、换服化道、换观点。

04 哪种视频容易把产品卖出去？

拍一秒就能见到产品效果的视频。

05 颜值高适合什么赛道？

情感赛道，降维打击。

06 怎么发视频更容易上热门？

抖音放大镜搜索创作灵感，找到适合自己视频的话题，跟拍。

07 账号打上标签就能火是真的吗？

假的。但打上内容标签可以让你的视频推流更精准，因此更容易火。

08 账号标签怎么打？

有预算就投DOU+，投对标账号；没预算就发10条垂直原创内容冷启动。

09 什么是内容垂直?

内容垂直指的是持续发布的内容都一直在同一领域，如美食领域，你一直发布的笔记内容则均与美食有关，一直关注于同一领域内容的更新，保持同一领域的内容输出，更容易吸引相关的粉丝，展现该账号的价值，后续也更容易转化变现。

10 现在只有500播放量，后期还能上热门吗?

能。认真发原创，多发多测，多发创意内容。

11 怎么提高作品播放量?

灵活利用抖音小助手、创作灵感。

12 怎么快速涨1000粉丝?

拍同款，点击特效→放大镜→更多→点击搜索粉丝1000万，然后使用粉丝1000万发布作品。

13 内容没有违规但卡在几百播放量怎么办?

投30元DOU+，测一下数据。

14 发视频需要日更吗?

尽量高质量日更。

15 一个设备登录多个账号有影响吗?

账号正常就没有影响。

16 我拍视频老是没有评论怎么办?

可以把选题方向换成有槽点的话题去拍，比如“彩礼68万高不高”等话题。你只需要说出你的观点，那么就有一批人认可你，也有一批人觉得你不对，会来反驳你。流量由此而来。

17 怎么找到并写出有“争议性”的视频呢?

先确定用户定位，比如你是卖男装的，用户群体是25~30岁的男性，那你就拍摄反差大、有槽点的视频，发完视频后再找一个女生来评论视频，制造冲突就会吸引很多人围观。

18 我去搬运爆款视频，偷偷发布在自己的账号行不行?

不行，并且抖音系统会立刻检测到你的搬运抄袭行为。

19 做抖音需要养号吗?

不需要，多刷刷同行视频就可以。

20 一个人怎么做抖音?

找到自己适合的领域，再去找对标模仿进行二创就可以。

21 什么样的视频容易上热门?

利他思维，颠覆认知，观点新颖，设定新奇。

22 发布视频需要带几个话题？

多于2个，少于5个，且与内容相关的话题。

23 乱发视频的老号还能用吗？

没违规，粉丝画像精准就可以。

24 为什么发几百条视频都不涨粉？

因为你发的都是低质量视频，对用户没有价值。

25 怎么找到近期同行热门视频？

抖音热点宝、创作灵感、行业关键词搜索都可以。

26 播放量卡在200以内正常吗？

不正常，如果没有违规，就是视频没有拍好。

27 被限流的账号还能用吗？

单条视频被限流了还可以用，收到站内信的就不可以用了。

28 账号有权重吗？

发1条原创风景视频，基础播放量达到1万权重高，低于3000权重低。

29 一天发几条视频容易火？

老号一天1条，新号一天不要超过3条。

30 新号不投DOU+可以吗？

可以，起号时的播放量大概率会卡在500，因为无法打上快速标签，即使你的内容比某些大V拍得还好，推送人群不精准也没有用。

31 点赞、评论、转发哪个更重要？

评论，有高互动就有高曝光。

32 视频横屏好还是竖屏好？

拍竖屏更好，横屏拍摄对文案要求高。

33 7天暴力起号是什么意思？

批量投DOU+，选数据最好的追投。

34 播放量只有几十正常吗？

不正常，发布的时候加上这几个话题：#我要上热门#干货分享。

35 哪个数据会影响播放量？

2秒跳出和5秒完播，要拍平台和粉丝喜欢的，不要拍自己喜欢的。

36 怎么查看账号有没有推流？

打开作品，点击右下角的三个点，找到数据分析（一个月内的作品才有数据分析功能），然后找到播放趋势图，如果是起起伏伏的，那就是推流的；如果是平的或者没有起伏的，那就是没推。

37 账号不推流怎么解决？

找到抖音安全中心，自助清粉。

38 发多少秒视频容易上热门？

欣赏类视频发6~7秒，分享类视频分开始、中间、结尾，必须有足够吸引用户停留的画面，或者知识点总结，能留住用户不管多少秒都能上热门。

39 时间太久不发作品会影响流量吗？

会，持续发布高质量作品就可以。

40 视频开头怎么做比较好？

抓住视频开头黄金一秒，吸引用户停留。

41 什么是黄金一秒？

能吸引人眼球的就叫黄金一秒。

42 怎么才能写出爆款文案？

主页搜索抖音热点宝入口，然后时间选择近7天，找到低粉爆款榜，进行模仿跟拍就可以了。

43 抖音必火的方式是什么？

直接发布5条视频，然后批量投放100元DOU+，10个小时后看数据，数据好的直接追投，不好的直接隐藏就可以了。

44 怎么发布视频才能最高清？

上传视频时选择画质增强，发布视频时选择高清发布就可以了。

45 怎么模仿同行爆款视频？

找到低粉爆款视频去模仿其表现力、场景，稍微修改提升一下再去拍。

46 实体店应该怎么拍视频？

用户到店＋用户体验。

47 为什么账号发了2000多条视频却只有200个粉丝？

把抖音当朋友圈发了，盲目发作品。

48 能否提前检查视频是否违规？

搜索巨量创意，找到预审工具，发视频之前自检一下就可以了。

49 播放量100以下是什么原因？

可能作品拍得很好，但是内容有违规，所以平台不给推流。

50 做抖音最重要的是什么？

持续发布高质量作品。

51 大V的流量密码是什么？

垂直赛道、人物关系加槽点文案。

52 怎么提升5秒完播率?

爆点前置，第一句话足够吸引人眼球。

53 怎么查看账号标签?

主页搜索创作灵感，给你什么话题就是什么标签。

54 发作品如何蹭热点?

发视频时直接关联你的相关视频热点就可以了。

55 新手应该怎么样活跃账号?

多评论、多点赞。

56 新人第一条作品应该原创还是模仿?

模仿。

57 怎么模仿同行视频?

搜索行业关键词，找到点赞最多的视频，提取文案，用自己的话说出来。

58 账号被限流了怎么办?

发布3条风景视频，添加话题：#行业关键词#DOU+小助手#我要上热门。

59 几点发布视频容易火?

查看粉丝在线热门时长，提前2个小时发布。

60 视频挂了小黄车就没有流量了是什么原因?

挂了小黄车的视频有新的考核指标，叫“商品转化率”，转化率低的推流就会减少。

第29讲 短视频破播放的5个维度

一、完播率

其他用户看你的视频，从头看到尾的为1个完播率，完播率越高越容易破播放上热门。

二、点赞率

点赞量越高，越容易上热门。

三、评论率

评论数越多，越容易破播放上热门。

四、转发率

转发你视频的人越多，越容易破播放上热门，复制你视频音乐链接，拍你视频同款的也算转发量。

五、复播率

同一个人重复看你的视频叫复播率，复播率越高越容易上热门。

第30讲 不同时长上热门作品数据参考

一、作品时长：7~10秒

完播率＞50%，点赞率＞4%，评论率＞4%，转发率＞0.3%。

二、作品时长：15~25秒

完播率＞40%，点赞率＞4%，评论率＞4%，转发率＞0.3%。

三、作品时长：25~30秒

完播率 > 30%，点赞率 > 4%，评论率 > 3%，转发率 > 0.3%。

四、作品时长：30~60秒

完播率 > 25%，点赞率 > 3%，评论率 > 2%，转发率 > 0.3%。

五、作品时长：60~120秒

完播率 > 20%，点赞率 > 2%，评论率 > 2%，转发率 > 0.2%。

第31讲　二创有哪些注意事项

一、去重机制

去重机制就是在一段视频内取出多个图片录入数据库，与别人发布的视频进行匹配，如果重复率大于60%，就会被系统检测为搬运。

二、解决办法

常见的视频去重方式有镜像、滤镜、修改尺寸、抠像换背景、增加文字、特效转场、变速、抽帧，抽帧是最好用的方式，抽帧就是把一段视频每1秒抽取1~2帧。

第32讲　如何查询作品是否被推荐或限流

第一种：打开抖音，点击我→右上角三条横杠→抖音创作者中心→账号检测。

第二种：打开你想检测的视频，点击右下角三个点→上热门，如果可以上热门就代表作品没有问题。

第05篇
短视频实操篇

- ◎ 如何发布高播放量的短视频
- ◎ 如何分析短视频的播放数据
- ◎ 如何拍对口型视频
- ◎ 如何给视频添加歌词
- ◎ 照片如何制作成好看的视频
- ◎ 怎么投DOU＋让自己的视频上热门

第33讲 如何发布高播放量的短视频

第34讲 如何分析短视频的播放数据

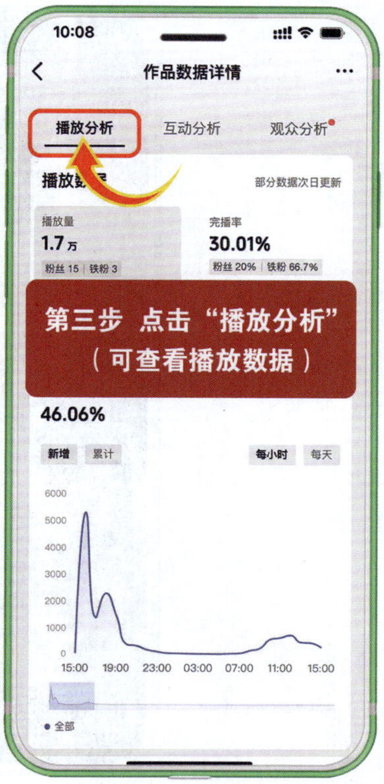

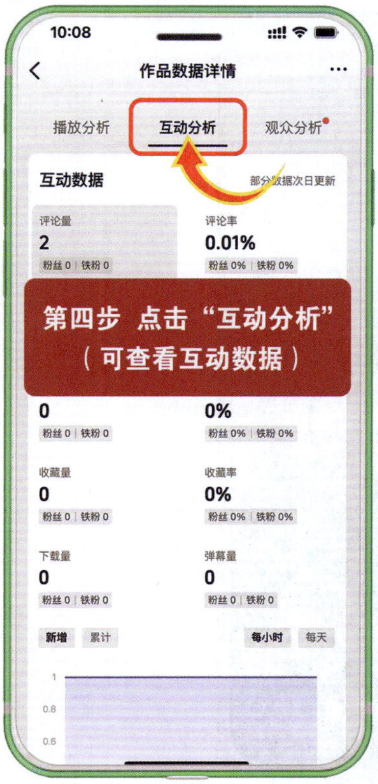

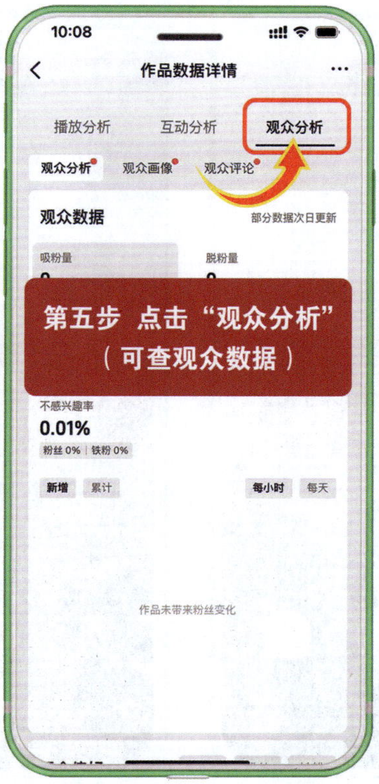

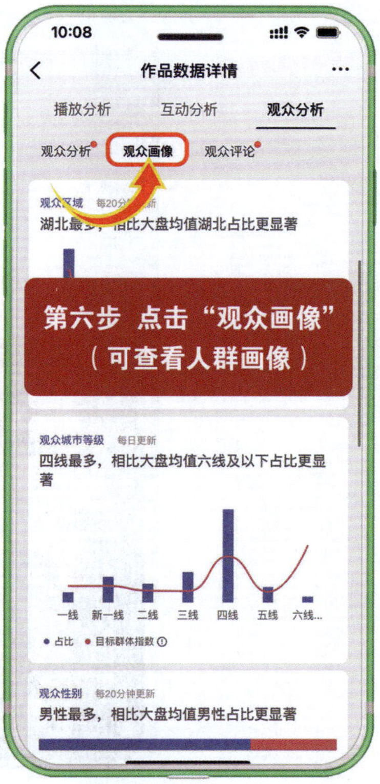

第35讲 如何拍对口型视频

09:22
选择音乐
第五步
搜索K歌选择K歌
收藏
热门
最新
自定义
k歌

09:22
创作的原声
第六步
点击上方音乐
分段拍
照片
视频

09:22
选择音乐
第七步
选择会唱的歌
搜索歌名/歌手/歌词/情绪
推荐
收藏
用过
导入音频
2025年我们赚大钱
小琢 · 00:23
2025年一切都如愿
小琢 · 01:20
Камин (Explicit)
Casey Neistatxixx · 00:35
余生一定要幸福（剪辑版3）
包一飞 · 00:34

10:54
@李思晗
第八步
点击红圈录制
照片
文字

第36讲 如何给视频添加歌词

第37讲 照片如何制作成好看的视频

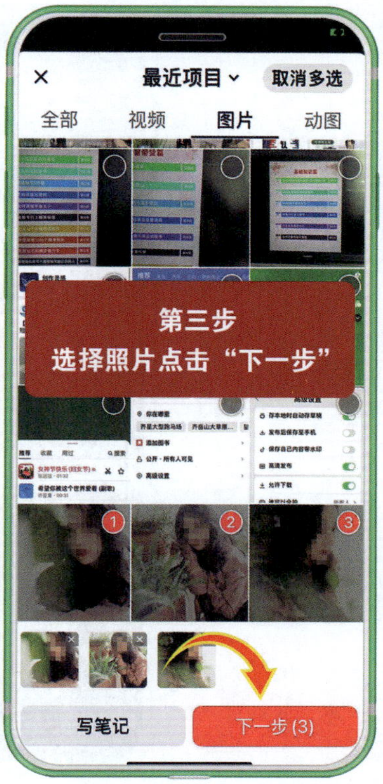

保存之后，点击下一步，编辑文案、添加话题、标位置、添加标签、编辑封面，发布即可。

第38讲 怎么投DOU+让自己的视频上热门

投DOU＋技巧

粉丝量不多的情况下先投粉丝量，等涨到一定粉丝量之后再投点赞、评论量，让自己的作品被更多的人看到，推向热门。金额建议选择专属套餐，因为系统是最了解你的视频数据的。

第06篇
带货佣金篇

◎ 如何获取UID挂高佣金商品链接

◎ 如何查看卖出的商品订单

◎ 带货的佣金如何提现

◎ 直播间收到的礼物音浪如何提现

◎ 如何查看卖出的商品佣金比例

第39讲 如何获取UID挂高佣金商品链接

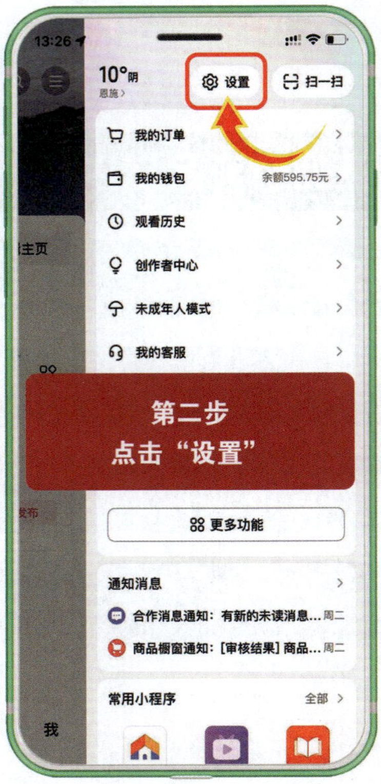

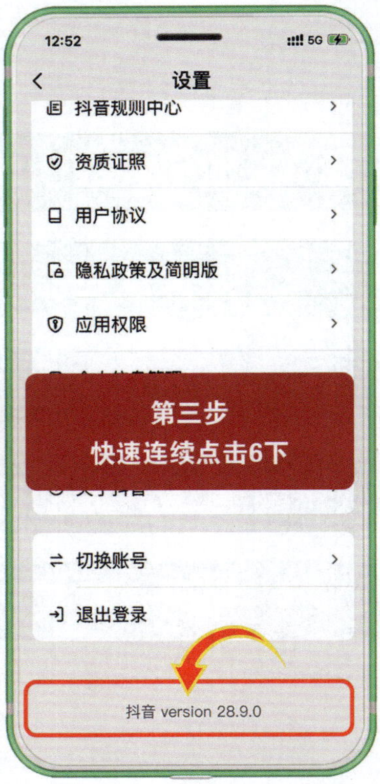

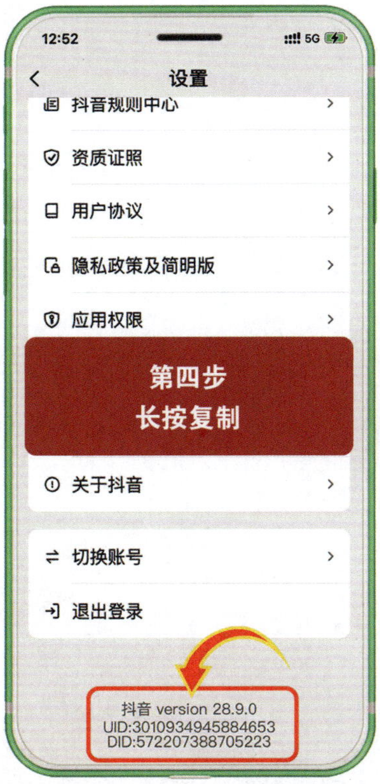

第五步：粘贴UID发送给客服申请高佣链接

第40讲 如何查看卖出的商品订单

第41讲 带货的佣金如何提现

第42讲 直播间收到的礼物音浪如何提现

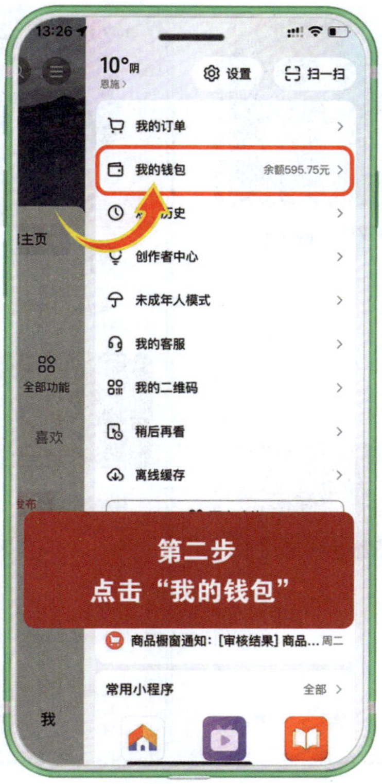

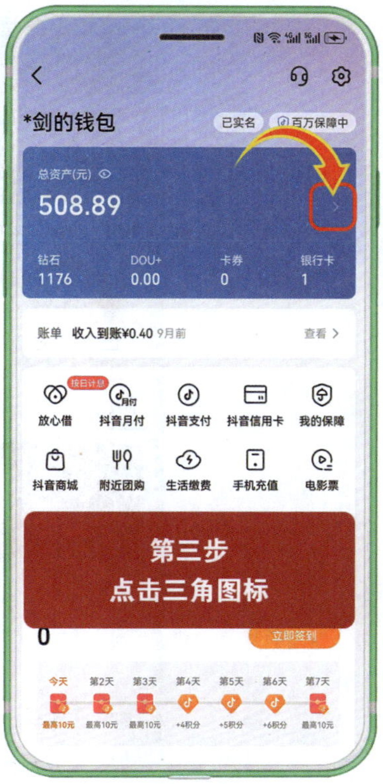

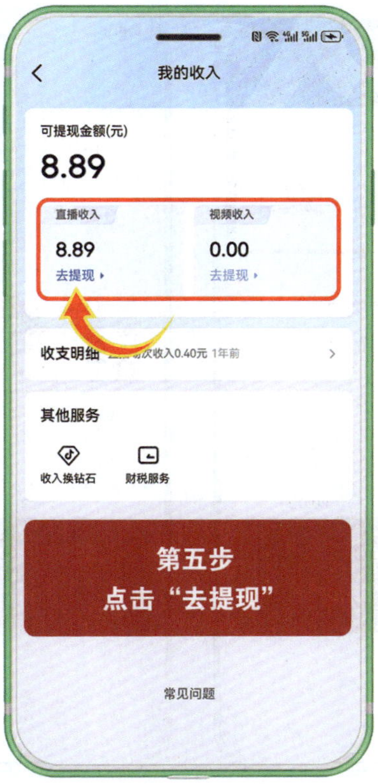

第43讲 如何查看卖出的商品佣金比例

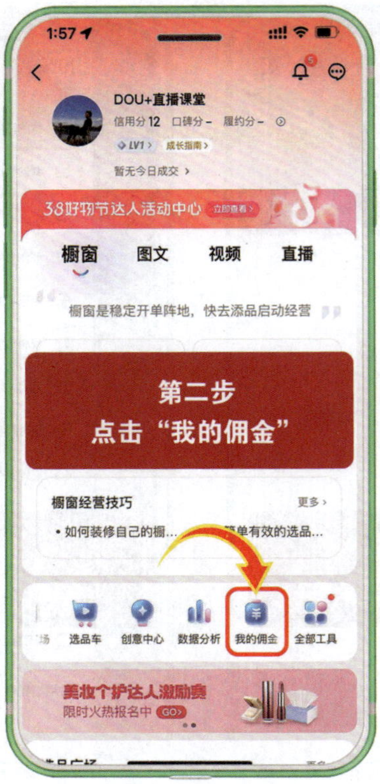

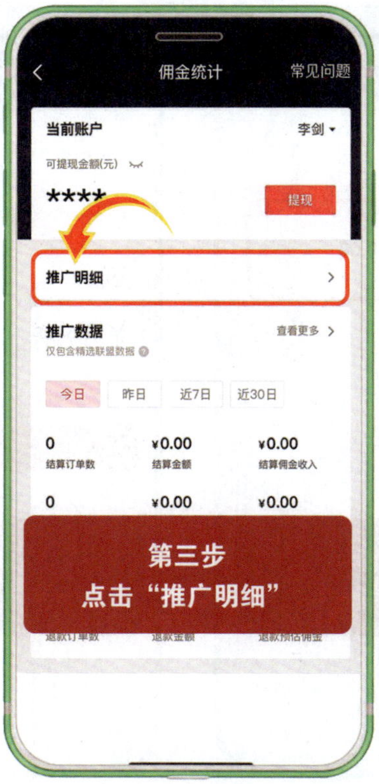

第07篇
剪辑剪映篇

◎ 剪映界面介绍

◎ 如何设置比例

◎ 如何分割视频

◎ 如何删除视频

◎ 如何添加音乐

◎ 如何添加音效

◎ 如何识别歌词

◎ 如何编辑添加文字

◎ 如何添加画中画

◎ 如何为视频添加转场效果

◎ 如何导出高清视频

第44讲 剪映界面介绍

应用市场下载剪映APP，并打开。

我们平时剪辑完的视频都会保存在剪辑草稿箱里，也可以自己保存到模板草稿里，在剪辑界面就可以对草稿视频进行一些复制、删除、重命名的操作。

第45讲 如何设置比例

点击“比例工具”

比例工具是用来调整画布比例的，和裁剪工具不一样，裁剪工具调整的是视频的比例尺寸，比例工具调整的是画布的比例尺寸。

默认画布比例尺寸是第一次导入的视频的尺寸，用比例工具调整画布比例时，如果视频尺寸不够，四周就会出现画布的黑色背景色，比例工具中的比例是预设好的，不能自己调整比例参数。

选择默认的比例模板

第46讲 如何分割视频

把一段完整的视频或音频分割成若干小段视频或音频，分割后的每一段视频或音频，都称作一个片段。针对每一个片段，可以独立进行操作，其他片段不受影响。

分割工具可以用于视频轨道、音频轨道、画中画、贴纸轨道、文字轨道、特效轨道、滤镜轨道的分割。

选中视频或视频片段，左右滑动视频轨道到白线处，选择分割的位置

点击分割工具

第47讲 如何删除视频

点击删除，即可删除素材或其中一个片段，视频轨道、画中画、音频轨道、贴纸轨道、文字轨道、特效轨道、滤镜轨道都可以删除。

选中一段素材或一个片段

左右滑动找到删除工具

第48讲 如何添加音乐

音乐工具可以给视频添加音乐，会单独生成一条音频轨道。点开音乐工具，可以选择推荐音乐、收藏音乐或导入音乐，推荐音乐在剪映当前版本中可以使用搜索框进行搜索。

点击音频工具，再点击这里的音乐工具

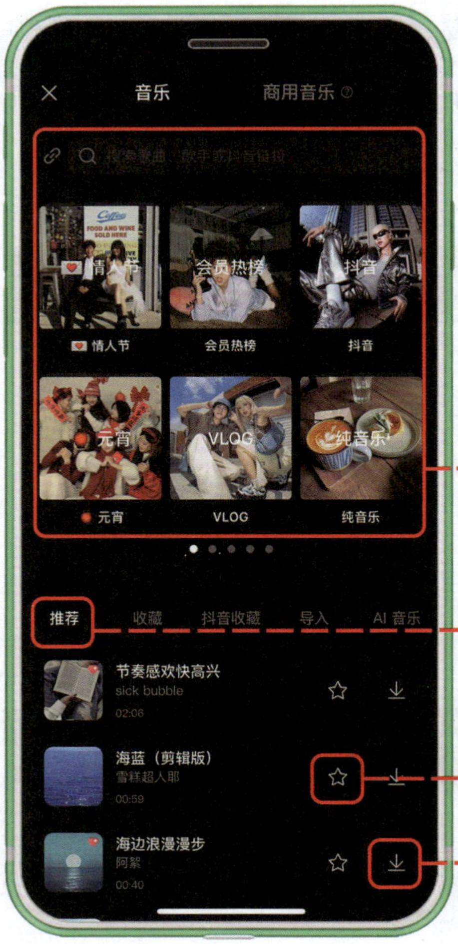

可以在搜索框搜索音乐或选择分类好的音乐类型

点击推荐

点击可收藏这个音乐

点击下载即可使用音乐

第49讲 如何添加音效

可以给视频添加一些音效，音效工具也会生成一条音频轨道。

点击音频工具，再点击这里的音效工具

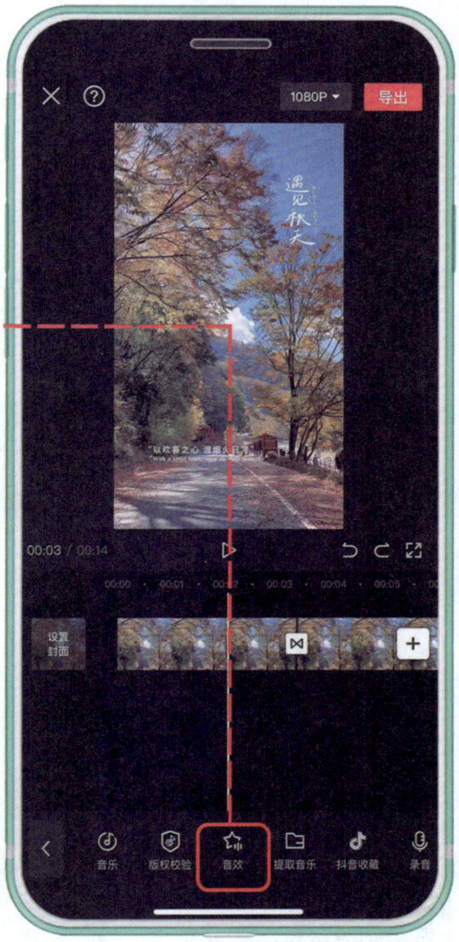

左右滑动按分类查找音效

点击即可使用音效

点击即可下载音效

点击即可收藏音效

第50讲 如何识别歌词

识别歌词和识别字幕工具相同，可以识别音频里的歌词，自动生成字幕。如果音频是歌曲组成的，可以用识别歌词工具，识别更准确、速度更快，目前版本暂时仅支持中文歌曲的识别。

使用前需要先添加一段音频。

点击文本工具，再点击识别歌词工具

选择是否清空已有歌词

点击“开始匹配”

第51讲 如何编辑添加文字

使用文本工具，可以添加文本，系统会生成一条字幕轨道，可以对文字的样式、大小、位置、动画等进行设置。

点击新建文本，输入文字……

点击“样式”

左右滑动选择描边效果

可以对字体的颜色、透明度、描边、标签、阴影、字间距、对齐方式进行设置

第52讲 如何添加画中画

画中画工具用来在现有素材中添加一段视频或图片。点击新增画中画就可以再导入一段视频或图片，画中画轨道可以有多条，且有层级，从上到下层级依次增加，但是可以通过层级工具改变画中画轨道的层级，层级高的视频会显示在其他低层级画中画轨道上面。

点击画中画工具

点击“新增画中画”

第53讲 如何为视频添加转场效果

转场效果用于两段视频的连接处，可以消解因视频画面突然改变而产生的割裂感，使画面过渡自然。

首先导入两段视频素材，点击两段视频首尾相连处，进入转场选择界面。

点击两段视频首尾相连处

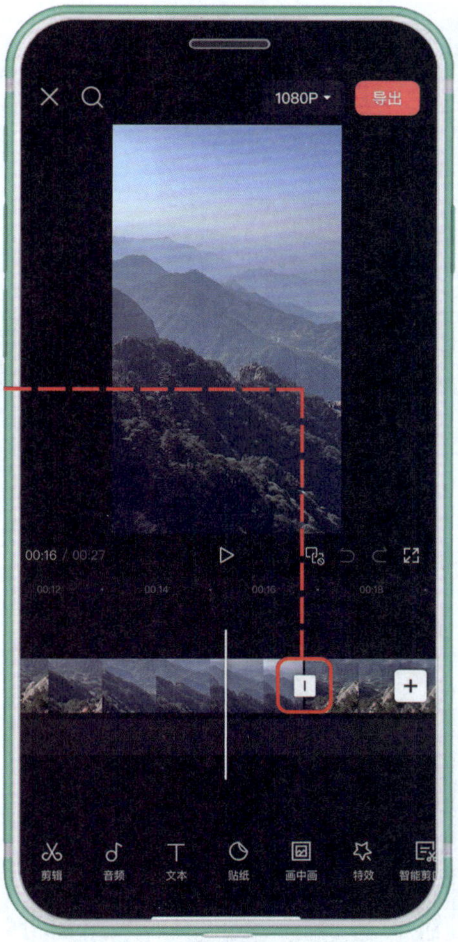

点击自己想要的转场效果

左右拖动界面下方的白色圆形图标，可以调整转场效果的持续时间。

第54讲 如何导出高清视频

点击可以设置尺寸

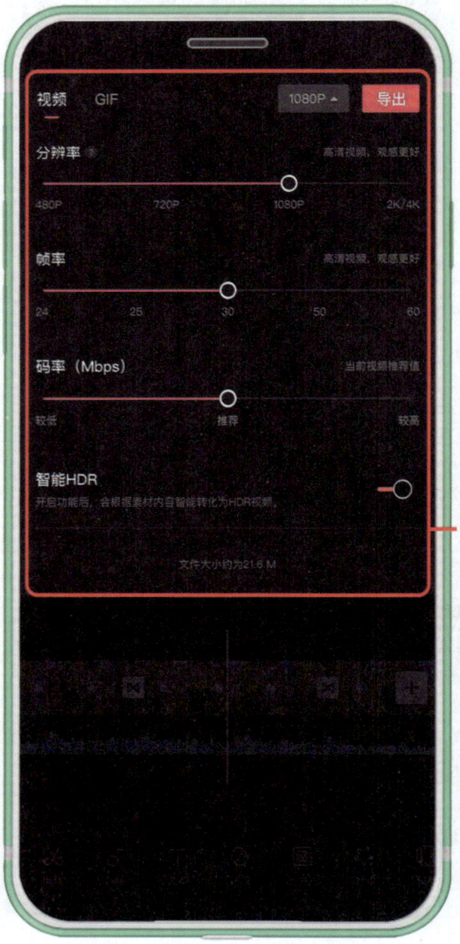

分辨率：1080P
帧率：30
设置好之后，点击“导出”按钮

第08篇 短视频变现篇

◎ 短视频如何挂商品带货

◎ 短视频挂小程序收益

◎ 伙伴计划收益

◎ 照片对口型收益

◎ 团购达人收益

◎ 短视频如何获得站外激励

◎ 短剧推广收益

◎ 如何开通视频赞赏功能

第55讲 短视频如何挂商品带货

21:12
添加作品描述...
话题
@ 朋友
选封面
慢下来看世界
原创视频
你在哪里
南山小镇
华莱士（恩施...
恩施市街
未选择
添加标签
商品、小程序等
剪映 | 一键剪同款
第五步
点击“添加标签”
高级设置
存草稿
发布

21:13
添加作品描述...
话题
@ 朋友
选封面
慢下来看世界
原创视频
添加标签
商品
小程序
书单
第六步
点击“商品”
评论区橱窗链接
图书
付费内容

10:22
搜索商品
链接
最近带货
选品车
共 1 件商品
筛选
【书店】从零开始做抖...
极速退款
消费者保障服务
定向高佣 ¥48.30
售价¥69 月售3万
添加
没有更多了
第七步 选择商品后
点击“添加”

10:22
搜索商品
链接
最近带货
选品车
共 1 件商品
筛选
【书店】从零开始做抖...
极速退款
消费者保障服务
定向高佣 ¥48.30
售价¥69 月售3万
移除
没有更多了
第八步
点击“下一步”
下一步

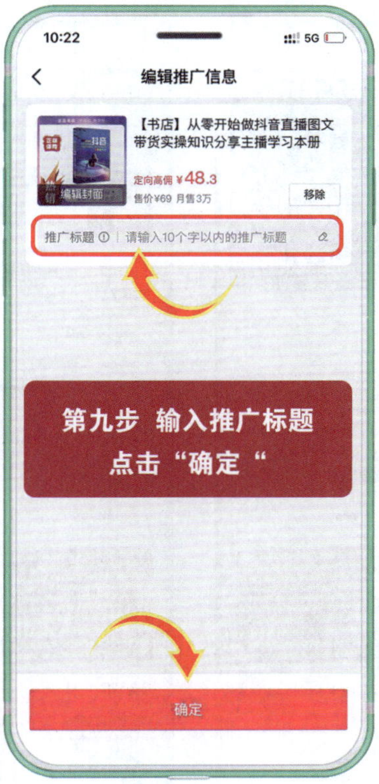

10:22
编辑推广信息
【书店】从零开始做抖音直播图文带货实操知识分享主播学习本册
定向高佣 ¥48.3
售价¥69 月售3万
编辑封面
移除
推广标题
请输入10个字以内的推广标题
第九步 输入推广标题
点击“确定“
确定

21:14
添加作品描述...
话题
@ 朋友
选封面
慢下来看世界
原创视频
你在哪里
第十步
点击“发布”
公开 · 但不推荐给可能认识的人
作品同步
开启
高级设置
存草稿
发布

第56讲 短视频挂小程序收益

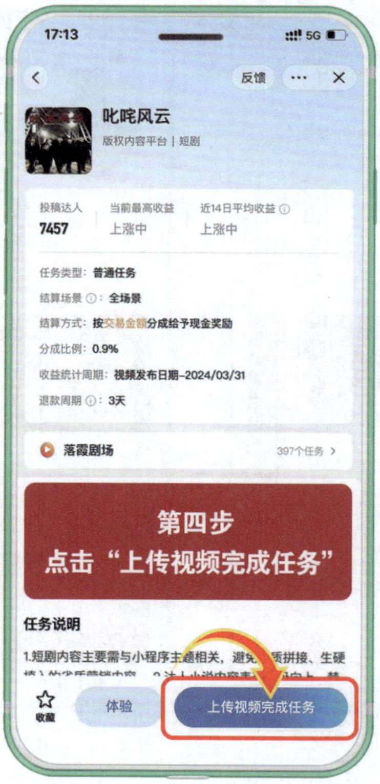

第57讲 伙伴计划收益

09:59
新访客 2
达人课堂
达人课堂
0 获赞 0 朋友 4 关注 0 粉丝
点击添加介绍，让大家认识你...
+ 增加企业信息
抖音商城
我的钱包
查看更多
编辑资料
添加朋友
第一步
点击右上角三条杠
首页 朋友 消息 我

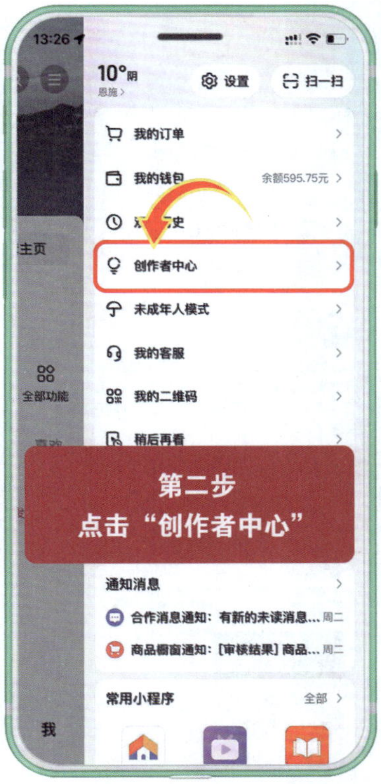
13:26
设置
扫一扫
我的订单
我的钱包
余额595.75元
创作者中心
未成年人模式
我的客服
我的二维码
稍后再看
全部功能
第二步
点击“创作者中心”
通知消息
合作消息通知：有新的未读消息...
商品橱窗通知：[审核结果] 商品...
常用小程序
全部

14:34
广东DOU是好风光
综合
7月19日 – 9月30日
去参与
欧爆美好目的地
6月1日 – 9月30日
去参与
全部
行业频道
变现任务
账号检测
开始直播
上热门
学创作
涨收入
我的收藏
灵感宝库
创作助手
作品检测
创作周报
09.02更新
挑战跟拍
实时追热
粉丝爱看
热搜灵感
第三步
点击“全部”
投稿赢好礼
今天长这样

14:34
第四步
点击“伙伴计划”
工具服务
创作
学习中心
创作灵感
官方活动
共创中心
精选栏目
经营成长
数据中心
上热门
小店随心推
变现
全民任务
变现任务
星图商单
中视频计划
伙伴计划
开始直播
电商带货
赞赏
团购带货
站外播放
专属会员
进阶服务

第58讲 照片对口型收益

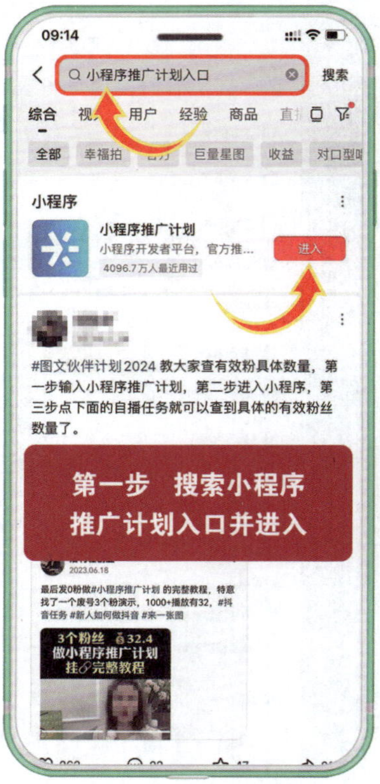

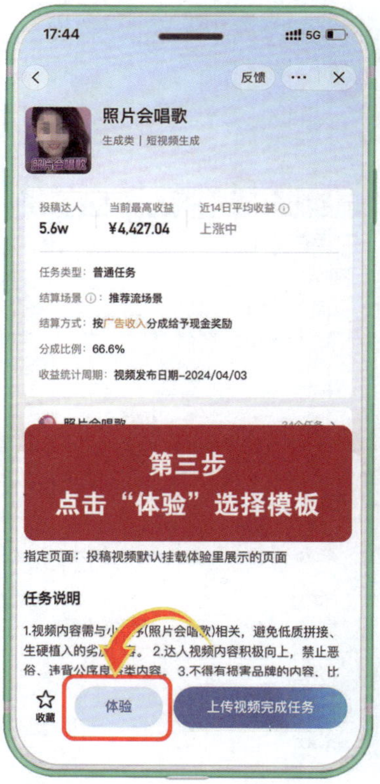

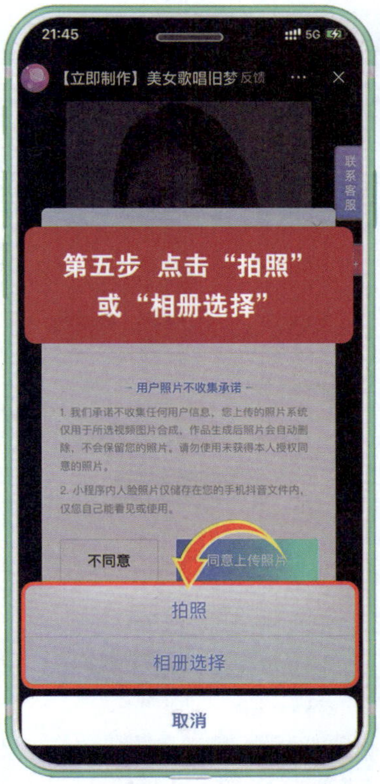
21:45
【立即制作】美女歌唱旧梦 反馈
联系客服
第五步 点击“拍照”
或“相册选择”
用户照片不收集承诺
不同意
同意上传照片
拍照
相册选择
取消

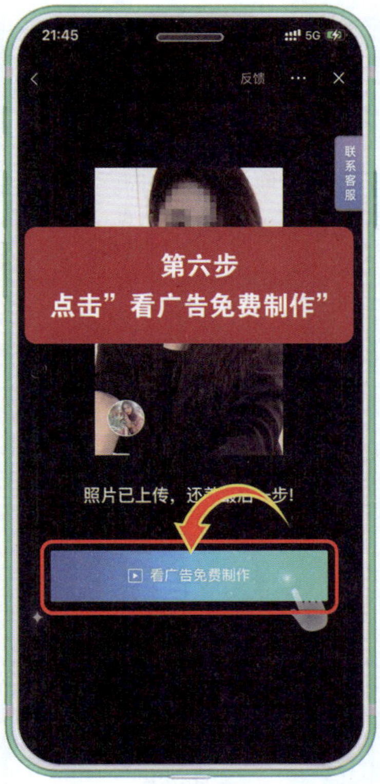
21:45
反馈
联系客服
第六步
点击”看广告免费制作”
看广告免费制作

21:46
【立即制作】美女歌唱旧梦 反馈
联系客服
第七步
点击“一键发抖音”
保存
分享
一键发抖音

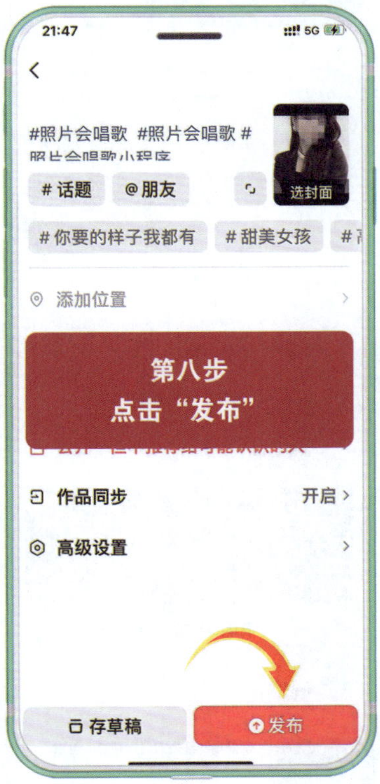
21:47
#照片会唱歌 #照片会唱歌 #
选封面
话题
@朋友
你要的样子我都有
甜美女孩
添加位置
第八步
点击“发布”
作品同步
开启
高级设置
存草稿
发布

第59讲 团购达人收益

11:18
团购达人
搜索
综合
经验
用户
直播
功能 · 团购达人中心
团购带货赚佣金
海量高佣商单，享用餐食赚...
去带货
选品广场
探店足迹
带货案例
相关搜索
第一步 搜索"团购达人"
并点击"去带货"
大光真的很正常
2024.9.2

11:17
申请团购带货
- 0粉开放入驻 -
添加门店位置
获得精准流量
赚取带货佣金
玩转多场景带货
团购橱窗
直播
视频
图文
第二步
点击"申请团购带货"
*有效粉丝≥500可进行橱窗带货
未来你将成为他们
申请团购带货

09:47
北京
夸父炸串
全部
外卖
休闲娱乐
丽人
游玩
找门店
找商品
全城
有保底费
筛选
1杯米乳拿铁
佣金率5%
售价¥8.8
月售6.1万
【甜蜜迎春】满杯百香果
佣金率2%
售价¥6.44
月售37万
第三步 点击"找门店"
或"找商品"
袁记15颗鲜肉云吞(生)
佣金率7%
售价¥9
月售21.6万
团猫精品红烧肉【送蔬菜一份米...
佣金率8%
售价¥168-369
月售997
成长

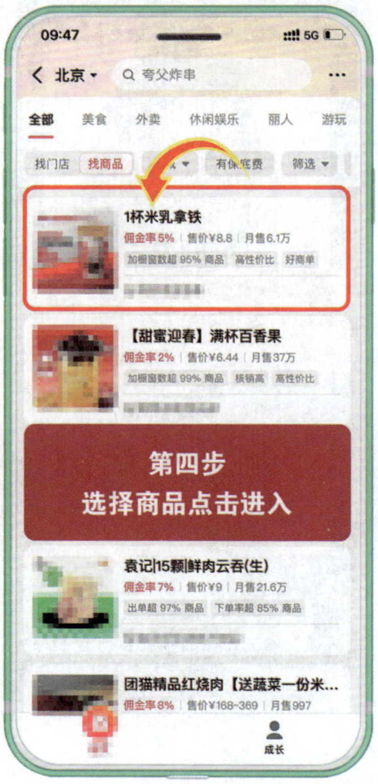
09:47
北京
夸父炸串
全部
美食
外卖
休闲娱乐
丽人
游玩
找门店
找商品
筛选
1杯米乳拿铁
佣金率5%
售价¥8.8
月售6.1万
【甜蜜迎春】满杯百香果
佣金率2%
售价¥6.44
月售37万
第四步
选择商品点击进入
袁记15颗鲜肉云吞(生)
佣金率7%
售价¥9
月售21.6万
团猫精品红烧肉【送蔬菜一份米...
佣金率8%
售价¥168-369
月售997
成长

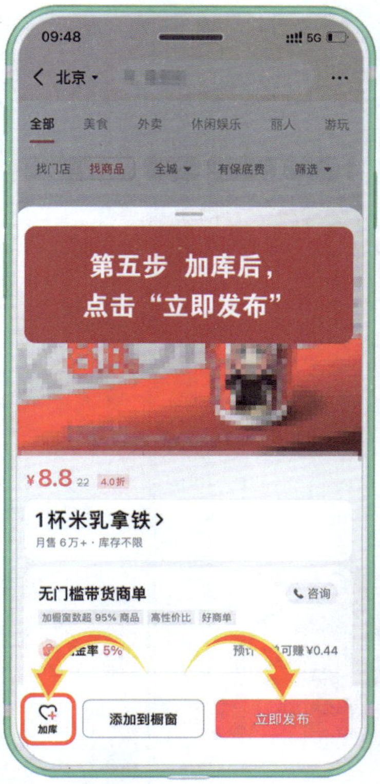
09:48
北京
全部
美食
外卖
休闲娱乐
丽人
游玩
找门店
找商品
全城
有保底费
筛选
第五步 加库后，
点击“立即发布”
¥8.8
22
4.0折
1杯米乳拿铁
月售 6万+ · 库存不限
无门槛带货商单
咨询
加库
添加到橱窗
立即发布

09:22
选择音乐
翻转
闪光灯
设置
第六步
点击“相册”选择视频
美颜
滤镜
更多
分段拍
照片
视频
特效
相册
文字
相机
模板
开直播

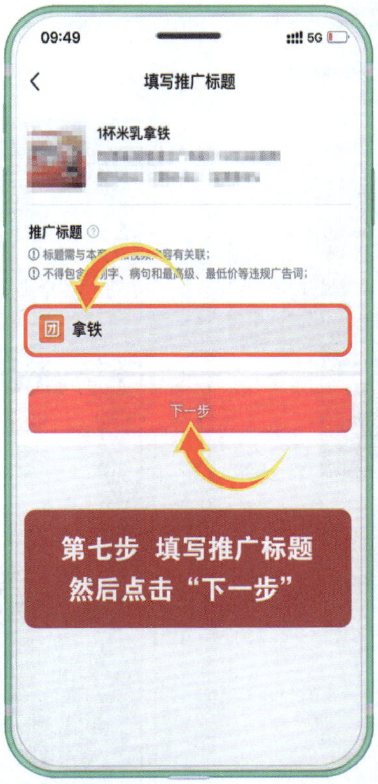
09:49
填写推广标题
1杯米乳拿铁
推广标题
拿铁
下一步
第七步 填写推广标题
然后点击“下一步”

09:49
拿铁
话题
@ 朋友
选封面
添加位置/门店推广
未选择
拿铁
公开 · 但不推荐给可能认识的人
第八步 添加作品描述
门店位置并点击“发布”
存草稿
发布

第60讲 短视频如何获得站外激励

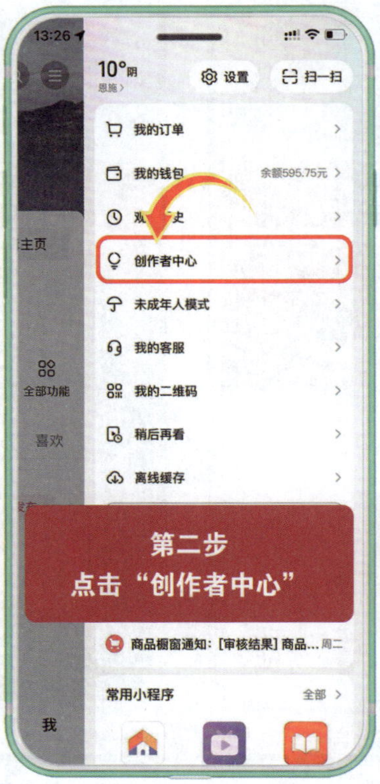

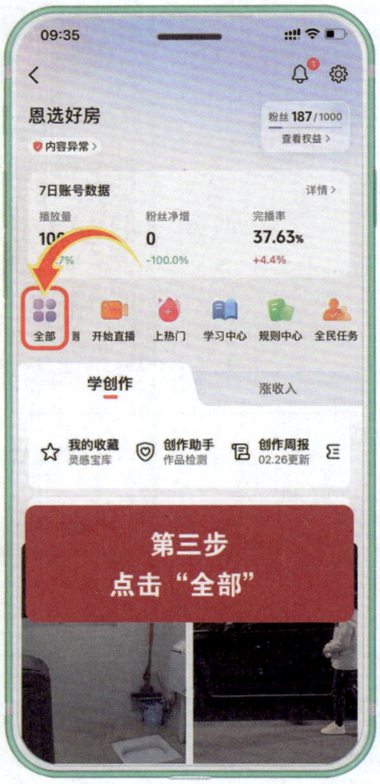

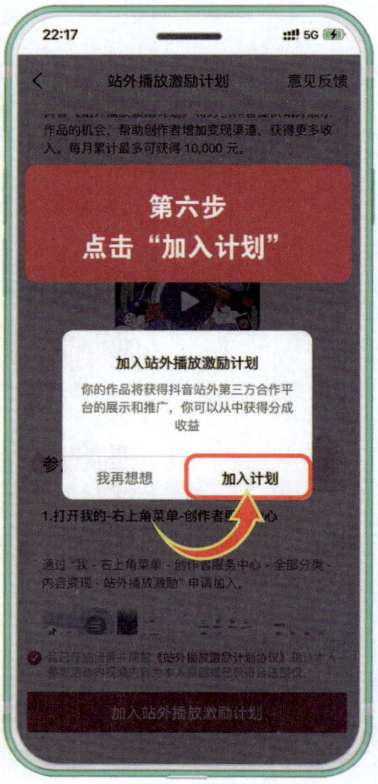

第61讲 短剧推广收益

第一步 搜索“巨量星图
短剧发行人计划”

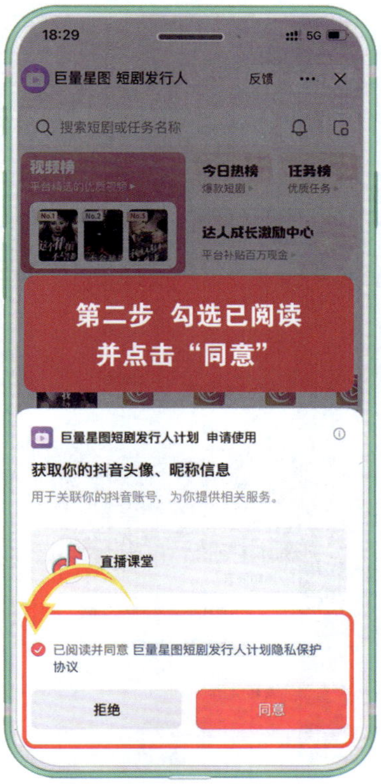
第二步 勾选已阅读
并点击“同意”

第三步
点击要推广的短剧

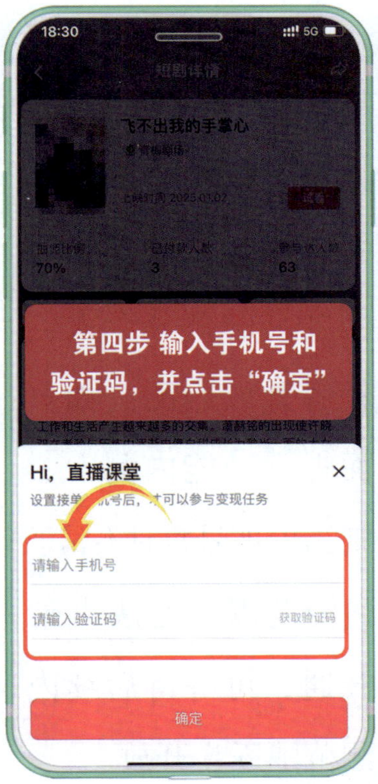
第四步 输入手机号和
验证码，并点击“确定”

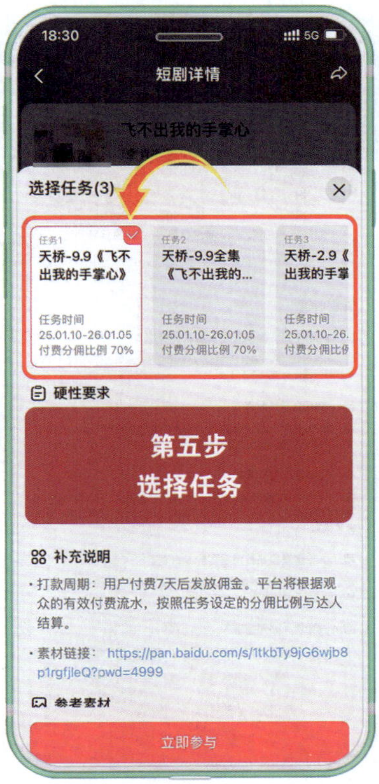
第五步
选择任务

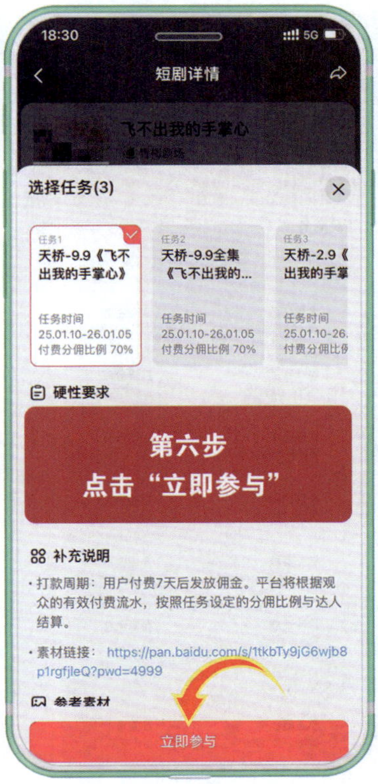
第六步
点击“立即参与”

第62讲 如何开通视频赞赏功能

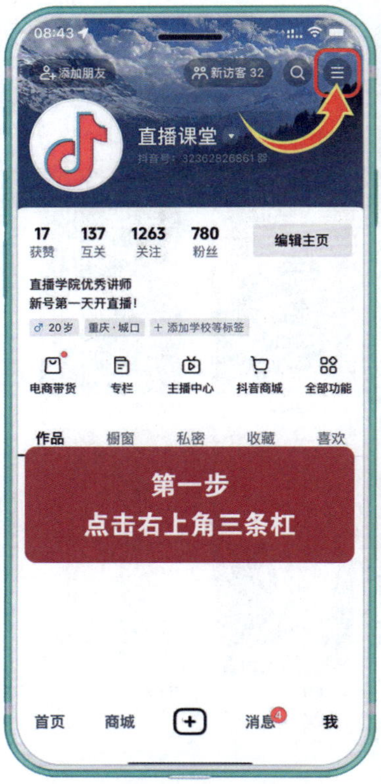

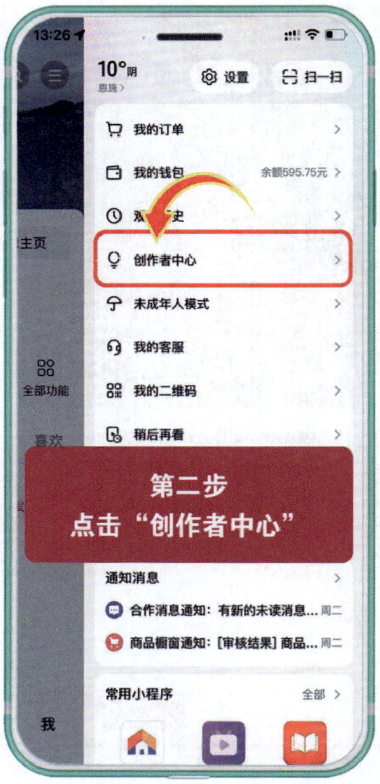

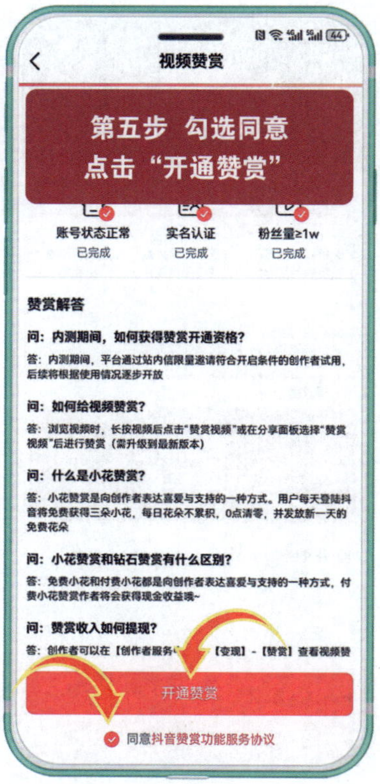

目前版本的赞赏功能仅针对粉丝量1万以上、账号状态正常且无各类违规、原创度高的部分个人创作者开放内测。如页面提示功能内测中，则当前账号暂时不属于内测范围，无法申请开通，可等待后续内测范围逐步开放。

第09篇
图文带货篇

◎ 什么是图文带货

◎ 图文带货怎么做

◎ 图文带货的“雷区”

◎ 如何开通图文带货权限

◎ 如何选爆品

◎ 如何发布图文带货

第63讲 什么是图文带货

在刷抖音的过程中，大家看到两张以上循环播放且可滑动的图片，可以留意一下，左下角会有一个购物车的按钮，这就是图文带货。用户如果看了你的图片对产品产生兴趣，就可以点击购物车，点击购买后即可成交。

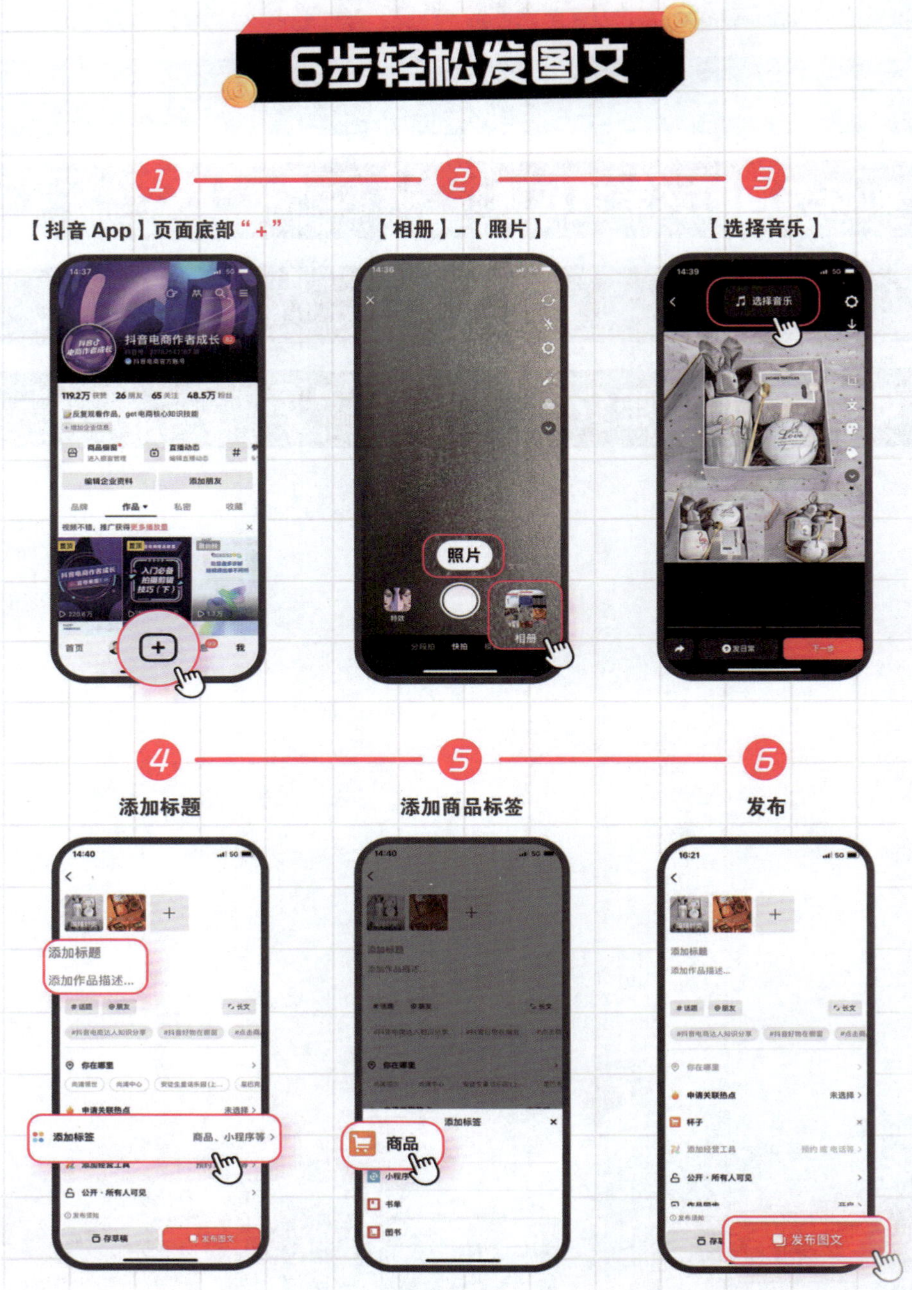

第64讲 图文带货怎么做

一、图片要求

✔ 基础：图片清晰，使用原图发布，图片数量大于或等于 2 张。

✔ 尺寸 & 拼接：图片尺寸比例尽可能保持统一，单张的拼接图片不杂乱。

✔ 主体 & 背景：首张封面图片要精致美观；图片要整洁，主体不要遮挡。

✔ 商品信息：能够通过图片完整多角度展示 / 介绍商品外观与款式，全方位呈现商品特征，包括服装细节与上身效果、美食制作教程、物品使用过程等展示。

二、声音要求

✔ 音质：配音配乐音质清晰，无杂音、爆音、卡顿。

✔ BGM：背景音乐与图文主题搭配好，能融入整体氛围感。

三、文字要求

✔ 字幕：字幕位置排版合理，清晰突出，不要与背景文字重叠，不要遮挡图片内容；图上字幕可以介绍与商品有关的穿搭主题与风格等内容。

✔ 标题：标题文案有信息价值，字数超过 20 字（不含话题）。标题文案能够翔实、清晰地介绍商品的材料工艺、用法功能、口味、教程攻略、穿搭主题等。

第65讲 图文带货的“雷区”

☒ 相同图片重复发

图片建议务必原创拍摄；

同个产品建议多角度多场景拍摄后进行展示。

☒ 图文内容与挂车商品无关

☒ 图片质量低

使用“大字报”；

商品拍摄不清晰 / 弯斜，无商品，或者无清晰的商品主体呈现；

图片杂乱差，图片整体美观被破坏；

使用纯商品图、售卖图、消费截图等。

☒ 标题文案不符合主流价值观

包括但不限于：卖惨营销、低俗色情、裸露标题党、博人眼球等情况。

图片如何进行剪辑精修更容易成交？

图片拍摄完成后，建议使用图片精修软件进行二次处理，以取得更好的呈现效果。

推荐使用工具【醒图】，有较多的模板可以直接使用。

- **封面模板：**适合需要给图片加文字的时候使用；
- **穿搭模板：**适合服饰行业的产品；
- **美食模板：**适合食品行业的产品；
- **拼图模板：**适合一次性展现产品的多个细节或者多个产品的展示。

如果点赞、关注、完播率低，建议参照上面提到的优质图文标准进行内容调整，同时可以查看系统推荐的同行的高质量素材进行优化调整。

第66讲 如何开通图文带货权限

打开抖音 APP，选择“ 我 ”→右上角三条杠 →抖音创作者中心 →电商带货 →立即加入抖音电商。

开通带货权限前需要先实名认证，若未实名，点击立即加入抖音电商即跳转至实名认证界面。当有效粉丝达到 1000 时，可获得图文带货权限。

如何通过官方工具选择近期热卖爆款?

（1）选品入口：从抖音 APP 达人主页 → 商品橱窗→ 选品广场。

（2）建议可以优先从短视频热卖“ 爆款榜 ”中选择。

（3）进入到短视频热卖、爆款榜页面，可以根据擅长的类目来选择查看对应的商品。特别提醒：爆款榜板块可以根据月、周、日和近 2 小时的维度来进行筛选，满足大家多方位的需要。

（4）如果你选中了某个产品，点击进到详情页后还可以看到售卖该产品的热门视频，大家可以从视频中找到一些图文呈现商品的灵感。

第67讲 如何选爆品

01 趋势品

- 应季、应节

需要结合时令、节日、活动氛围等查询近期大盘的爆品，趋势类目

- 比如春夏季防晒产品是趋势品，母亲节礼盒包装的相关商品也是趋势类目。
- 另外，也要注意选品中是否有已经过季的产品，如有，建议不做主推或者剔除。

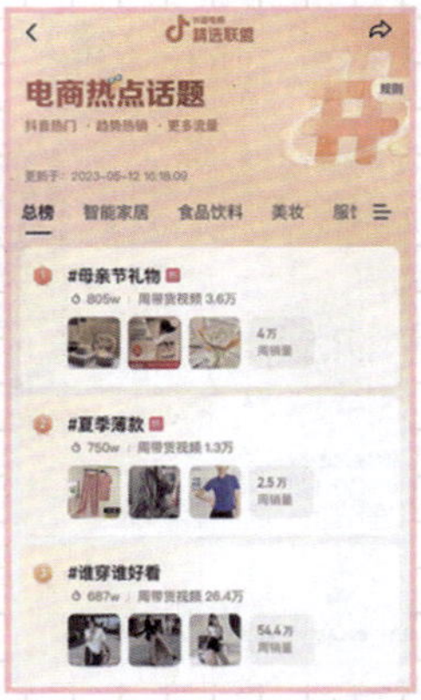

02 热销品

- 通过数据进行分析筛选，找到销量好、评价优的商品，说明是最近受用户欢迎程度较高的商品，且用户需求较高，也符合当前的市场需求。

自己热卖

同行热卖

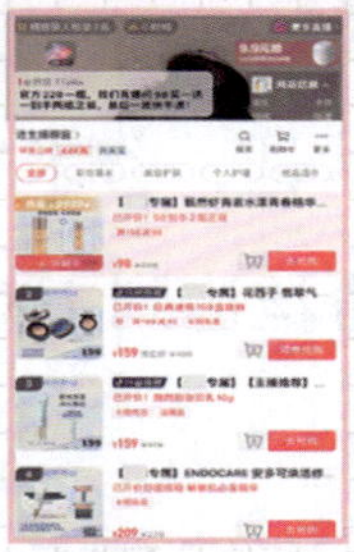

平台热卖

03 展示性/体验性

“要么好看，要么好玩，要么好用”

- 优先选择颜值高、使用方法以及效果比较直观的产品；第一眼能吸引用户的眼球，用户更有带入感，能更直观地了解产品的性能。

外观优势 or 功能优势

图一

图二

图三

04 适用性

· 受众人群广、刚需

- 选品时，尽量根据消费者的生活需求选品，尤其初期选品要面对更广泛的人群，避免流量的浪费。

图一

图二

图三

05 易消耗

· 复 购 高

- 日常易消耗的商品，复购率高，且是大多数人都有需求的产品，更易转化。

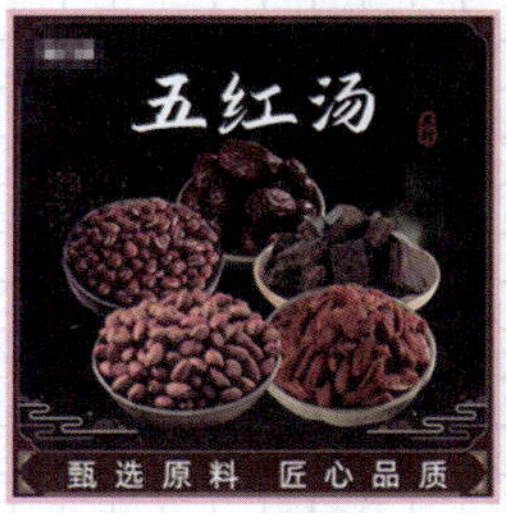

图一

图二

图三

粉丝画像

包含粉丝的性别、消费能力、年龄段、需求、喜好等。

例如：

- 18~24岁的大学生群体更偏好性价比高的产品。
- 如果在选品时超出了粉丝日常消费的价格区间，可能会出现低动销的情况。

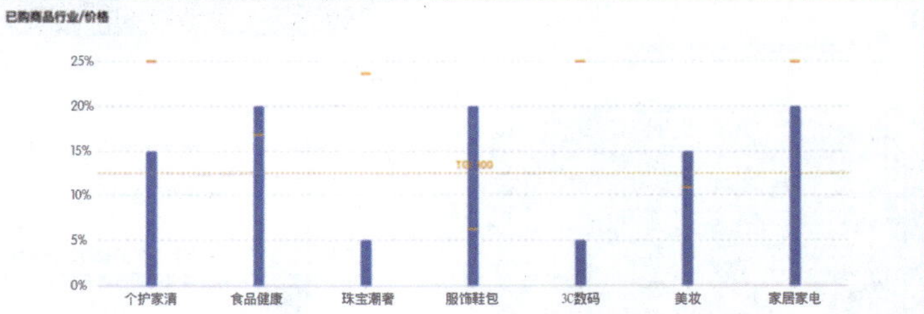

已购商品行业粉丝消费偏好

作者可以在【百应PC端】【人群分析】—【商品偏好画像】中，分析粉丝/非粉丝群体的消费偏好，具体包括品牌偏好、品类偏好、价格偏好。

01 性价比/客单价

- 价格门槛较低的产品，或容易感知的优惠可以降低消费者的决策周期。

02 利 润

- 建议利润率不低于20%，客单价不高于200元。

$$\text{利润率} = \frac{\text{售价} - \text{运营成本}}{\text{售价}}$$

第68讲 如何发布图文带货

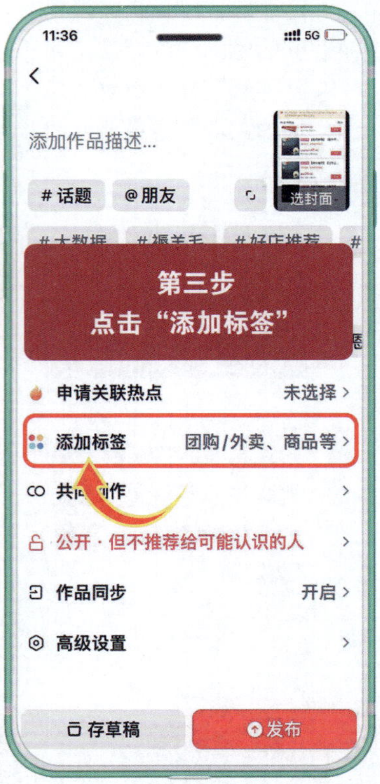

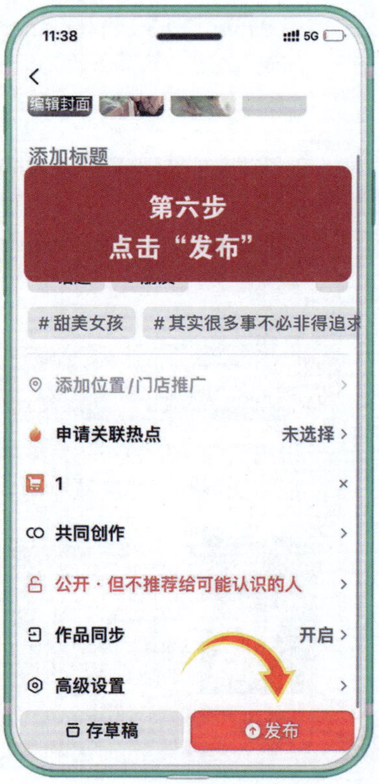

第10篇
粉丝群实操篇

◎ 如何创建粉丝群

◎ 如何管理粉丝群

◎ 粉丝群如何分享商品

第69讲 如何创建粉丝群

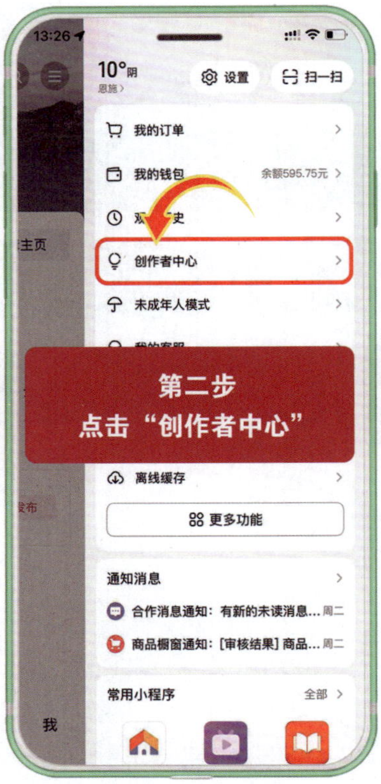

第70讲 如何管理粉丝群

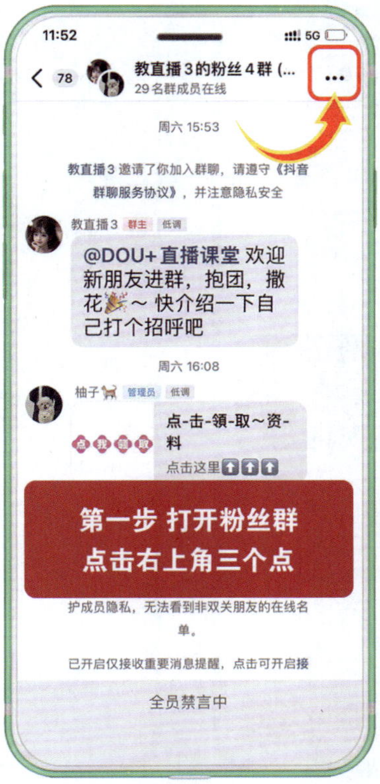

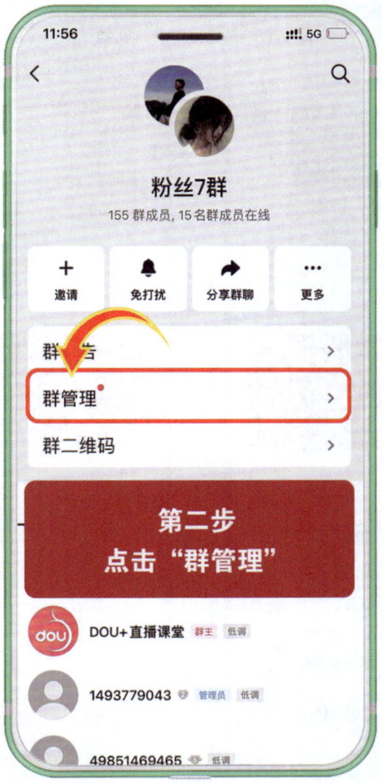

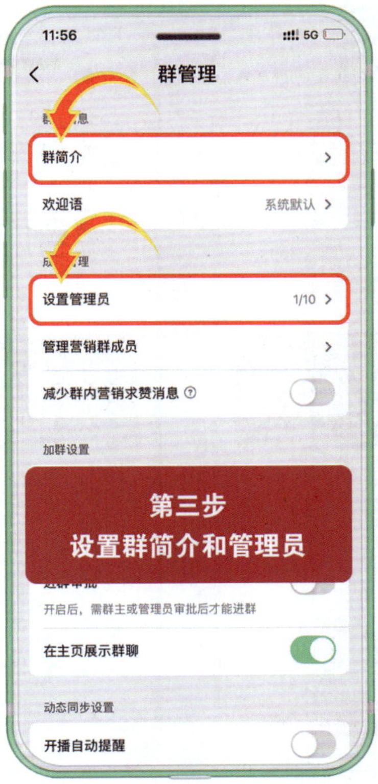

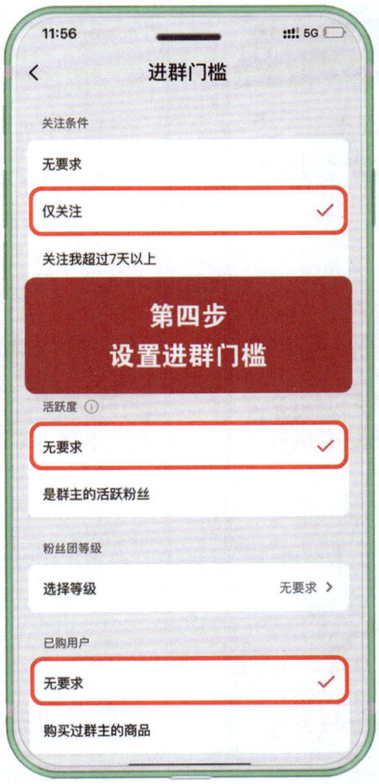

第71讲 粉丝群如何分享商品

第11篇 直播间常识篇

- ◎ 开播前界面功能详细介绍
- ◎ 如何设置直播封面
- ◎ 如何设置直播预告
- ◎ 如何设置直播贴纸
- ◎ 如何添加直播间介绍
- ◎ 直播间如何连麦
- ◎ 直播间如何调整美颜
- ◎ 如何设置直播间管理员
- ◎ 如何调整直播间的高清晰度

第72讲 开播前界面功能详细介绍

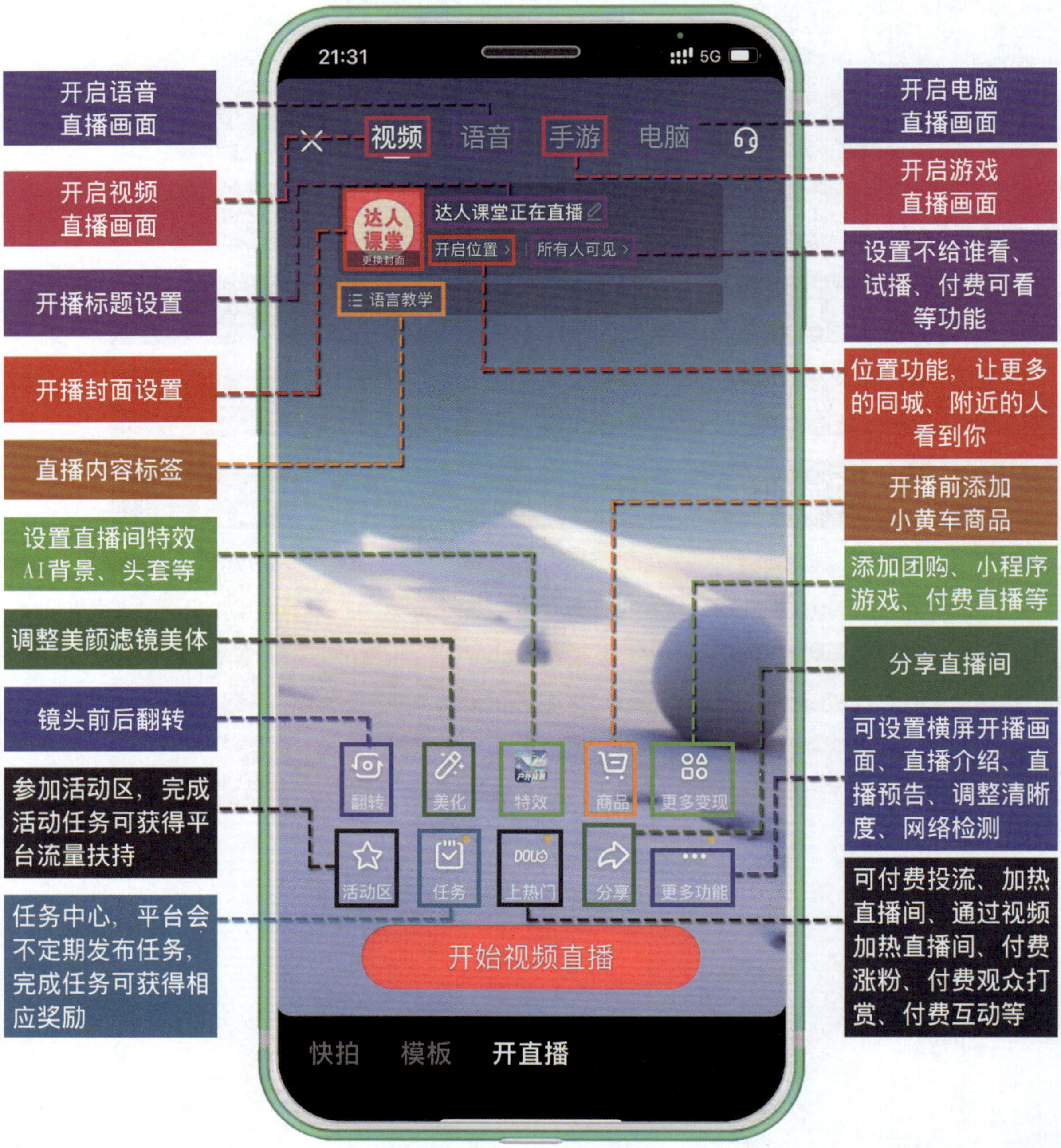

第73讲 如何设置直播封面

第74讲 如何设置直播预告

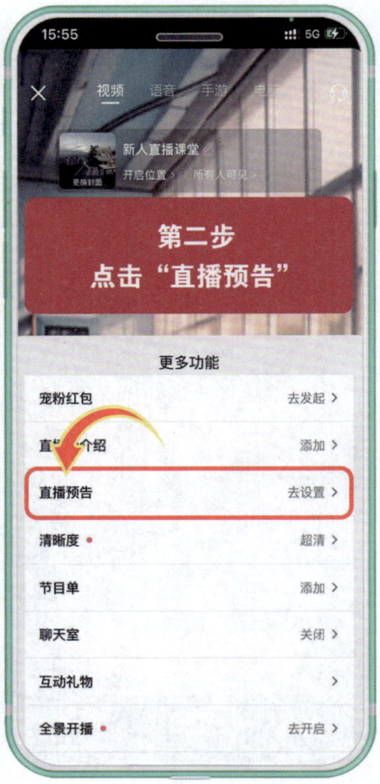

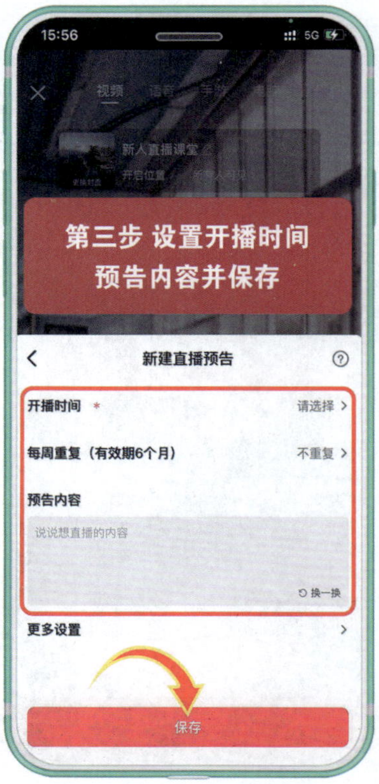

第75讲 如何设置直播贴纸

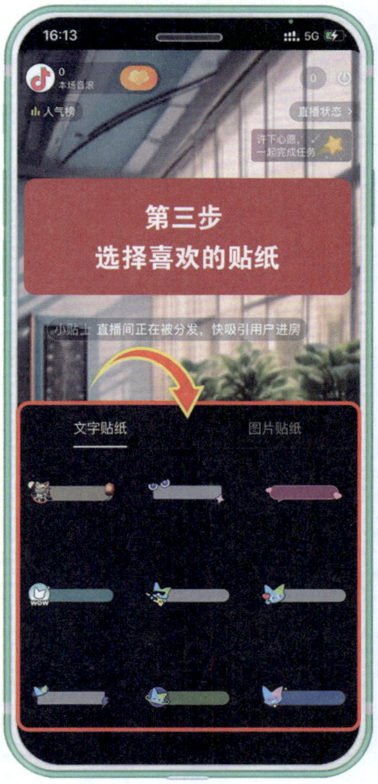

第76讲 如何添加直播间介绍

第77讲 直播间如何连麦

第78讲 直播间如何调整美颜

第79讲 如何设置直播间管理员

第80讲 如何调整直播间的高清晰度

第12篇
开播准备篇

- ◎ 如何关闭同城
- ◎ 如何隐藏作品
- ◎ 如何拉黑熟人
- ◎ 如何隐藏直播动态
- ◎ 如何开启试播

第81讲 如何关闭同城

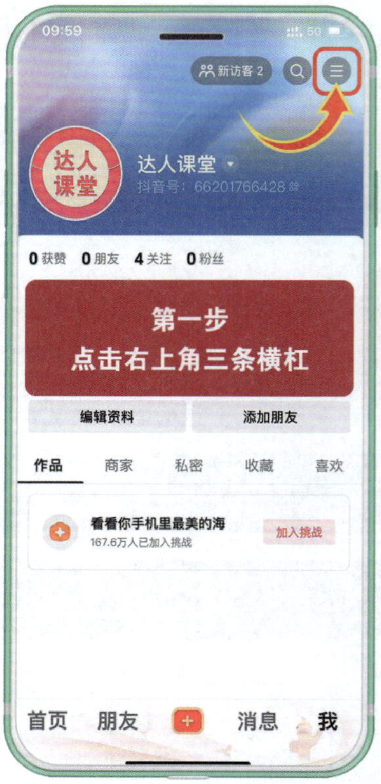
新访客 2
达人课堂
0 获赞 0 朋友 4 关注 0 粉丝
第一步
点击右上角三条横杠
编辑资料
添加朋友
作品 商家 私密 收藏 喜欢
看看你手机里最美的海
167.6万人已加入挑战
加入挑战
首页 朋友 消息 我

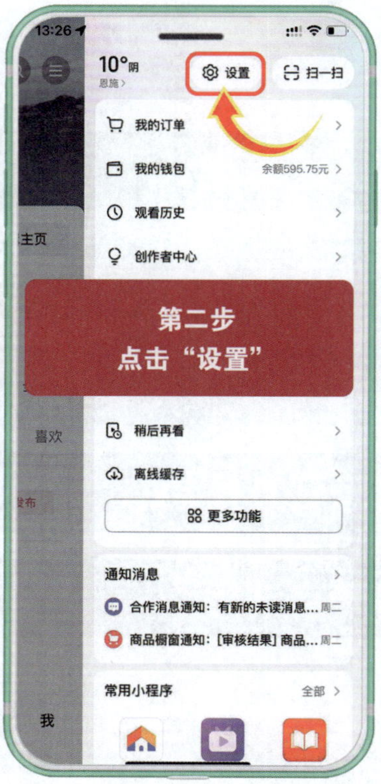
设置
扫一扫
我的订单
我的钱包
余额595.75元
观看历史
创作者中心
第二步
点击“设置”
稍后再看
离线缓存
更多功能
通知消息
合作消息通知：有新的未读消息…周二
商品橱窗通知：[审核结果] 商品…周二
常用小程序
全部

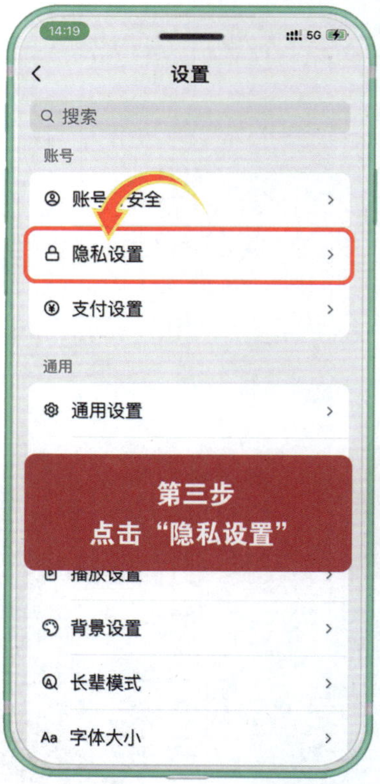
设置
搜索
账号
账号与安全
隐私设置
支付设置
通用
通用设置
第三步
点击“隐私设置”
背景设置
长辈模式
字体大小

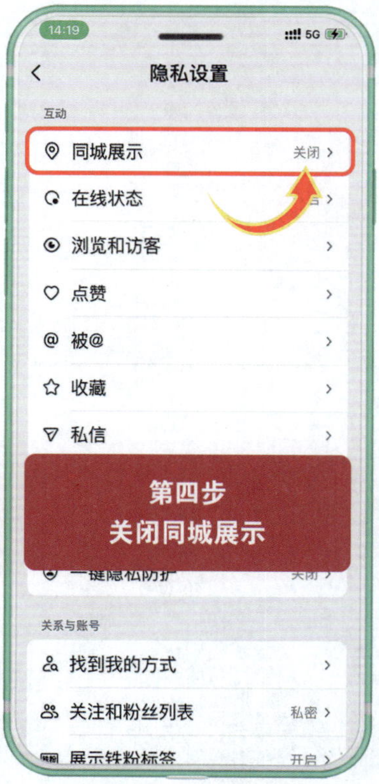
隐私设置
互动
同城展示
关闭
在线状态
浏览和访客
点赞
被@
收藏
私信
第四步
关闭同城展示
关系与账号
找到我的方式
关注和粉丝列表
私密

第82讲 如何隐藏作品

第一步
点击要隐藏的作品
第二步
点击右下角三个点
第三步
点击“权限设置”
第四步
设为“私密·仅自己可见”
公开·所有人可见
朋友·互关朋友可见
私密·仅自己可见
不给谁看
高级设置

第83讲 如何拉黑熟人

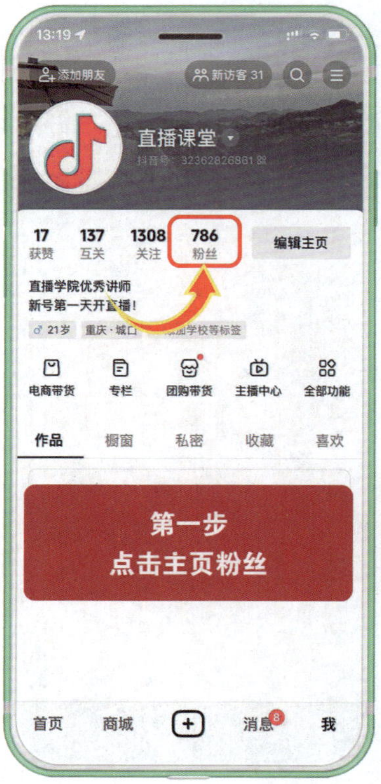
添加朋友
新访客 31
直播课堂
17
获赞
137
互关
1308
关注
786
粉丝
编辑主页
直播学院优秀讲师
电商带货
专栏
团购带货
主播中心
全部功能
作品
橱窗
私密
收藏
喜欢
第一步
点击主页粉丝
首页
商城
消息
我

朋友
关注
粉丝
我的粉丝 (6,722人)
这个夏天不太热
对方关注了你
别墅建造家
王大大
双赢网络
直播教学
回关
第二步
点击三个点
平姐
zcz
弹幕游戏_^土豆子

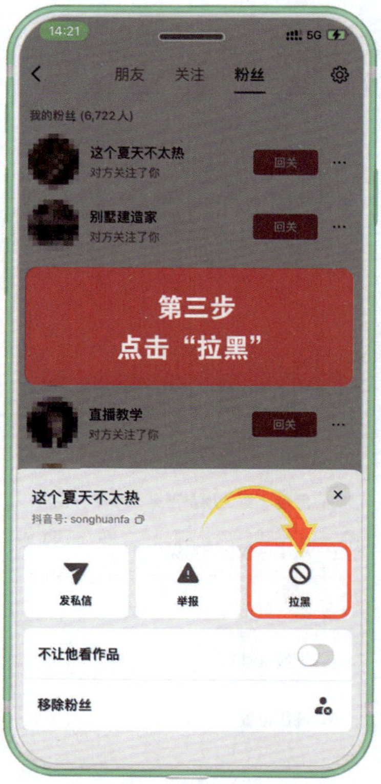
朋友
关注
粉丝
我的粉丝 (6,722人)
这个夏天不太热
对方关注了你
别墅建造家
第三步
点击“拉黑”
直播教学
这个夏天不太热
抖音号: songhuanfa
发私信
举报
拉黑
不让他看作品
移除粉丝

第84讲 如何隐藏直播动态

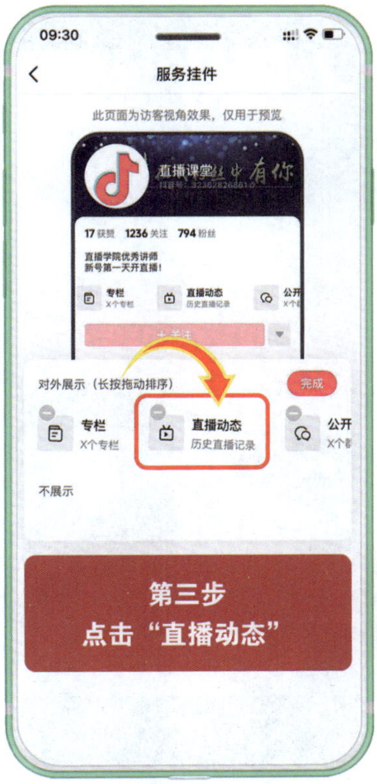

第85讲 如何开启试播

新人直播课堂
开启位置
所有人可见
选择直播内容
第一步
点击“所有人可见”
开始视频直播
相机
模板
开直播
第二步
点击“试播彩排”
谁可以看
公开：所有人可见
不给谁看
部分可见
试播彩排
仅自己或分享用户可见，不影响账号和流量
试播可见范围
第三步 选择可见粉丝
点击“完成”
达人欢
佛光普照
湖南湘军大队
金师傅
枯木LY
完成(4)
最多支持选择2000人
第四步
点击“开始视频直播”

第13篇
直播实操篇

◎ 直播界面功能详细介绍

◎ 如何设置屏蔽词

◎ 直播间如何拉黑“黑粉”

◎ 直播间如何发红包和福袋

◎ 如何设置与查看直播回放（高光时刻）

◎ 如何设置直播间观众不可查看

◎ 直播间怎么设置礼物菜单

◎ 直播中如何查看数据大屏

第86讲 直播界面功能详细介绍

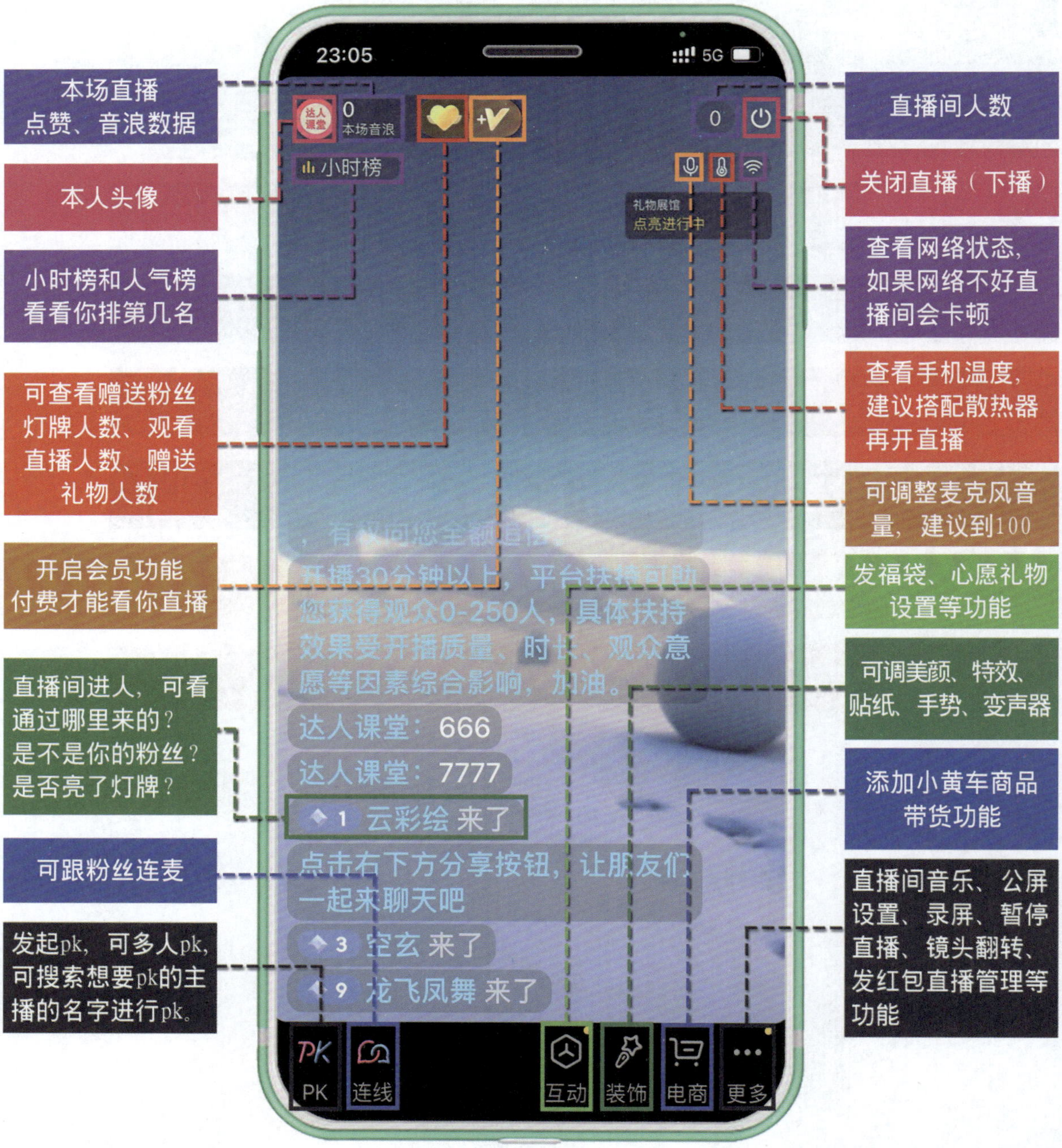

第87讲 如何设置屏蔽词

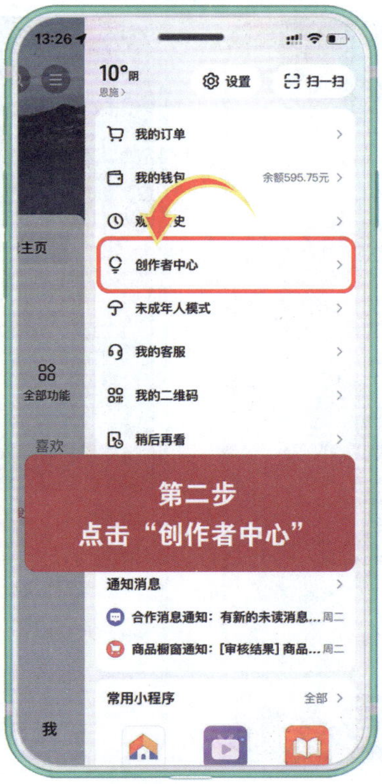

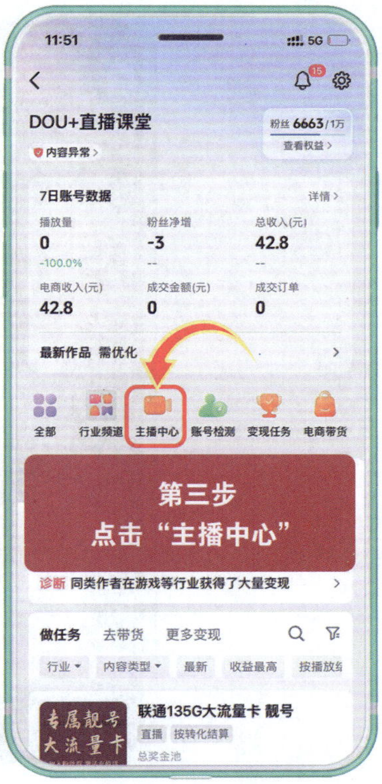

第88讲 直播间如何拉黑“黑粉”

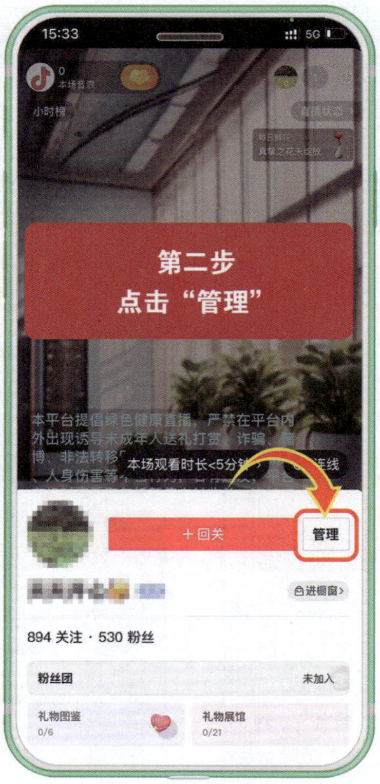

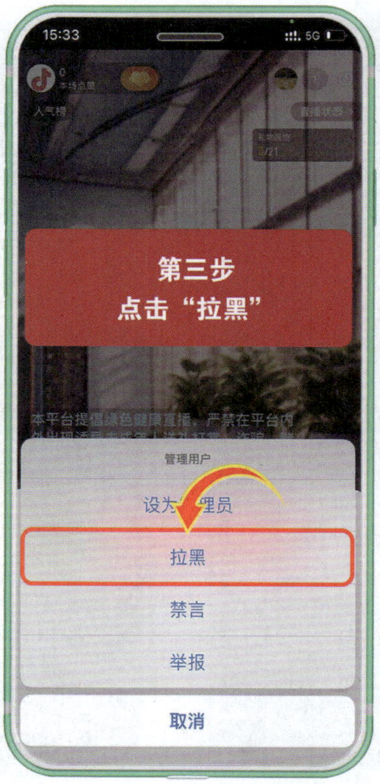

第89讲 直播间如何发红包和福袋

一、发红包

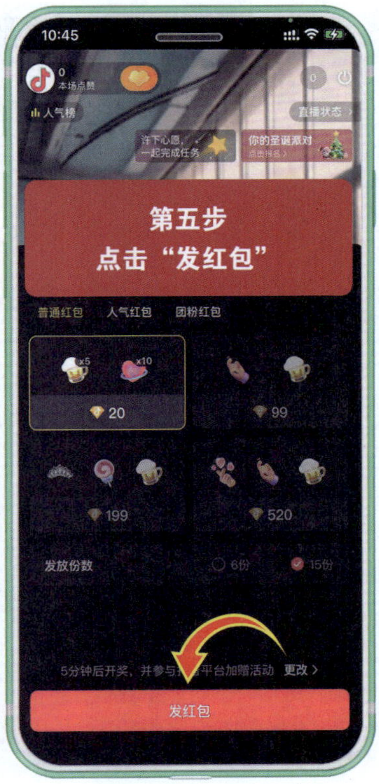

二、发福袋

第一步
点击“互动”
PK
连线
互动
装饰
电商
更多

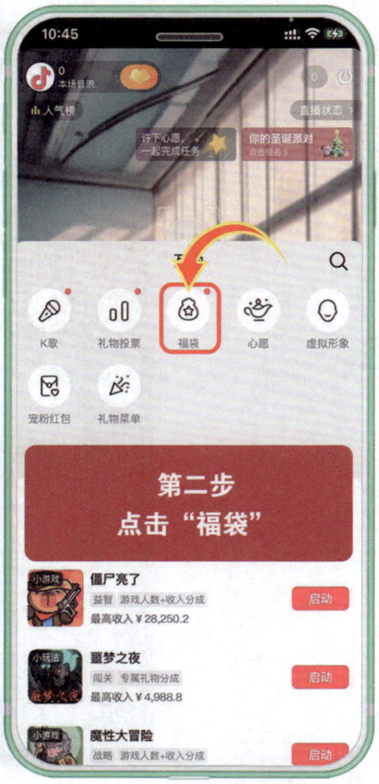
第二步
点击“福袋”
K歌
礼物投票
福袋
心愿
虚拟形象
宠粉红包
礼物菜单
僵尸亮了
噩梦之夜
魔性大冒险
启动

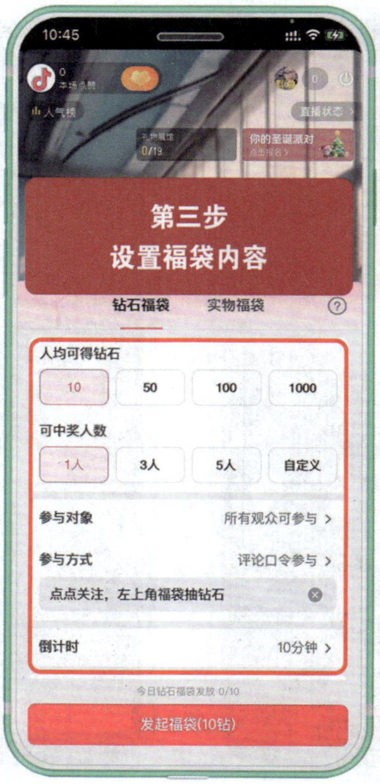
第三步
设置福袋内容
钻石福袋
实物福袋
人均可得钻石
10
50
100
1000
可中奖人数
1人
3人
5人
自定义
参与对象
所有观众可参与
参与方式
评论口令参与
点点关注，左上角福袋抽钻石
倒计时
10分钟
发起福袋(10钻)

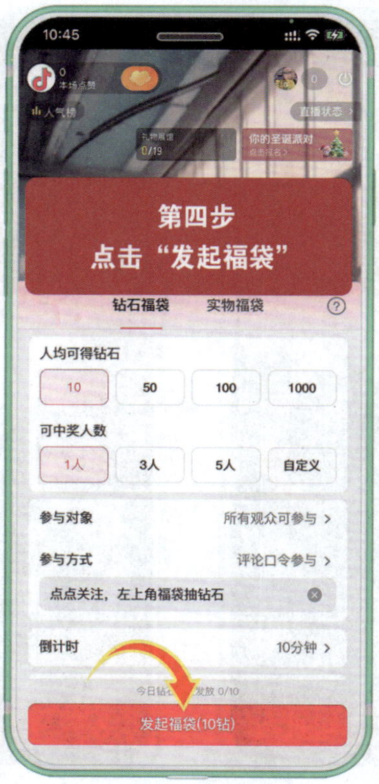
第四步
点击“发起福袋”
钻石福袋
实物福袋
人均可得钻石
10
50
100
1000
可中奖人数
1人
3人
5人
自定义
参与对象
所有观众可参与
参与方式
评论口令参与
点点关注，左上角福袋抽钻石
倒计时
10分钟
发起福袋(10钻)

第90讲 如何设置与查看直播回放（高光时刻）

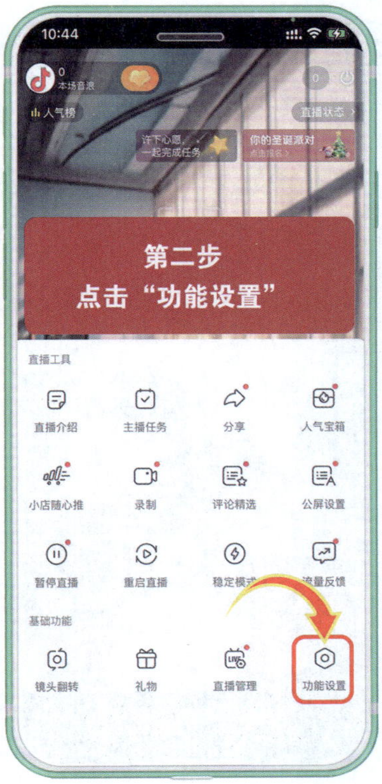

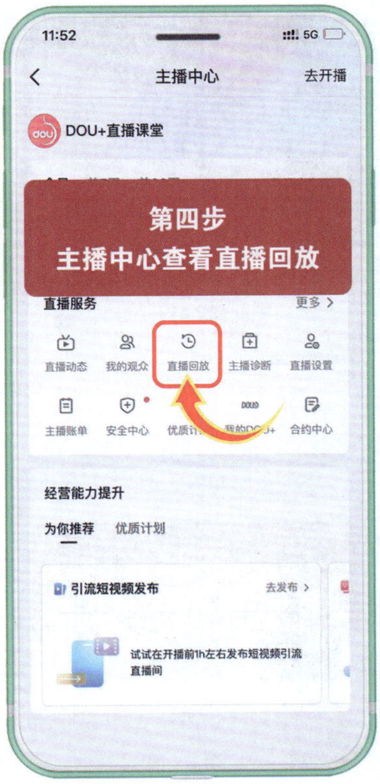

第91讲 如何设置直播间观众不可查看

第92讲 直播间怎么设置礼物菜单

第93讲 直播中如何查看数据大屏

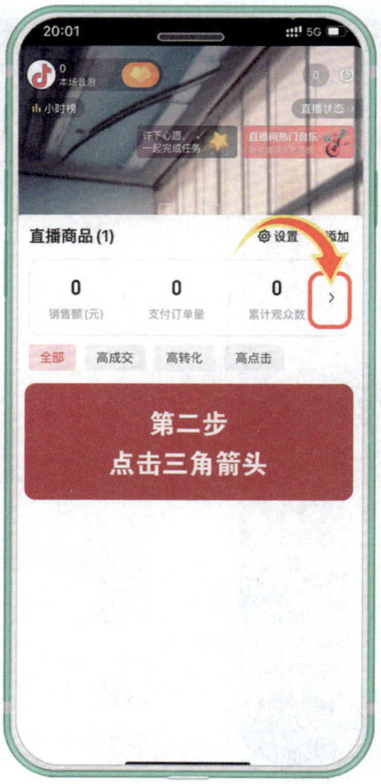

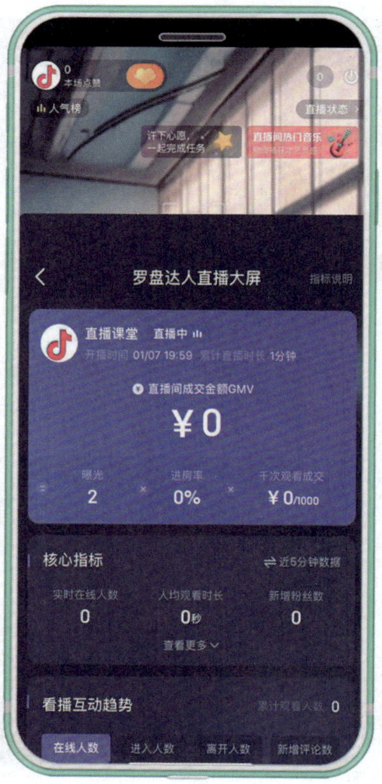

第14篇 新人直播篇

◎ 起号的十个步骤

◎ 不出镜开播五大准备

◎ 新人上下播注意事项

◎ 新人必看基础知识

◎ 下播必做的四件事

◎ 直播间不能做的事

第94讲 起号的十个步骤

第一步：注册账号，如果用老账号，那么需要检测账号状态是否正常。

第二步：对账号与人设进行定位，重点是对目标粉丝的分析和画像。

第三步：根据人设完成对抖音账号的个人相关信息进行设置。

第四步：关注对标账号，加打账号标签，很多人忽视账号本身的标签，这是不对的。

第五步：确定短视频拍摄形式，根据人设确定自己的风格、形式、画面、背景等。

第六步：固定人设，发布短视频，给作品内容打标签。

第七步：用互动、关注、转发视频等方式产生播放量，并快速增粉，要想增加视频初始播放量，那一定是需要人工干预的。

第八步：开通橱窗商品分享权限。

第九步：确定直播风格与形式，再开始直播。

第十步：直播一段时间以后，再开始直播挂小黄车，卖货带产品。

第95讲 不出镜开播五大准备

前期铺垫（暖场）

1.挖痛点：找出对方需求点，给对方停留理由。

2.互动：没开播的家人扣1，我详细地讲。

第一个准备：小号的准备

1.什么是小号？

免费企业号或者拿亲友的抖音号，即小号。

小号需要准备什么：零粉丝、零作品。

小号不怕说错话，是拿来练手的。

2.为什么要准备小号?

挖痛点（有没有发现，“一学就会，一播就废”）。

3.拿小号练什么?

播感：练到不紧张，不激动；

镜头感：不要偏镜，做到“眼观六路”；

语气：不生硬，有亲和力；

语速：适中；

状态和自信度：眼神坚定、语气坚定，外加自信，再加手势。

第二个准备：大纲的准备

1.什么是直播大纲?

直播导航、直播思路、直播方案。

2.为什么要准备大纲?

没有大纲，播着播着就蒙圈了，跑偏了。

3.有大纲和没大纲的区别。

有：越播思路越清晰，方向明了；

无：越播越迷茫，甚至越播越不想播；

4.如何利用大纲?

话题不变，天天练，简单的事情重复做，重复的事情一直做。

第三个准备：三大硬件准备

1.网络。

户外：试网（手机卡需要有足够的4G或者5G流量）。

室内：家里的网不要让别人使用。

2.手机。

两部以上手机：直播、放音乐或看数据。

旧手机：恢复出厂设置。

联系方式：电话拦截、清理内存。

3.支架。

桌面俯拍支架：可以随意调节。

第四个准备：铁粉的准备

1.什么是铁粉?

进直播间一直不走的，一直飘屏互动点赞的粉丝。

2.为什么要准备铁粉?

助你一臂之力，稳定直播间人气。

3.铁粉怎么找?

直播间扣1的，互相交个朋友。

引出话题：不要大量互帮互助，既花冤枉钱，又走冤枉路。

第五个准备：引流款产品

1.什么是引流款?

便宜的、适用面广的、性价比高的产品。

产品背后有模式可借力的。

2.为什么挂引流款?

一手抓留人能力；

一手抓直播间带货变现能力。

第96讲 新人上下播注意事项

一、上播（两个注意事项）

（1）错开小时榜整点的前后 10 分钟，小时榜是抖音在重新给各个直播间分配流量，一般主播都会错开整点开播。

（2）根据自己测试好的时间开播，自己的账号哪个时间段开播流量大，以后就固定在这个时间段开播。比如说，早上播一场，晚上播一场，看一下抖音在哪个时间段推流大，以后就定在那个时间点开播就可以了，一旦确定开播时间，建议大家不要轻易更换，这样无法和粉丝产生黏性，也不利于抖音推送固定流量。

二、下播（五个注意事项）

（1）错开小时榜整点前后 10 分钟，原因和上播第一点一样。

（2）在直播间上人的时候不要下播，推流的时候不要下播，因为抖音推流是在给你机会，如果下播了，第二天就没有这样的机会了。在抖音不推流的时候或者推流极慢的时候可以下播。

（3）下播时直播间人数不要太少，不要播到就剩下自己了，不然下一场人会更少。

（4）特殊情况下播。

①因说错话导致直播违规进而导致限流；

②直播画面审核；

③直接关“小黑屋”（就是直播黑屏，或抖音关播 10 分钟）。

出现以上 3 种情况立马下播，等 3~5 分钟再重新开一场直播。

（5）完成数据下播。

在直播过程中都要完成什么数据呢？（可以简单地讲，直播间人少的时候观众不太喜欢的内容，就讲“1 个停留 +3 个新增”就可以。）

①新人开播点赞达到 7 万即可；

②钻石和观众总数 1∶1；

③新增付费人数 5%（占总场关的 5%）；

④新增评论人数 5%（占总场关的 5%）；

⑤新增粉丝 3%（占总场关的 3%）；

⑥观众的停留时长，停留 1 分钟是及格，3 分钟是优秀。

（对于主播来讲，其实最重要的就是要完成“1 个停留 +3 个新增”）

第97讲 新人必看基础知识

想要做好直播，一定要了解抖音是如何给直播间推人的，了解抖音的底层推流机制，才能做好直播，下面先来了解抖音的流量池如何分级。

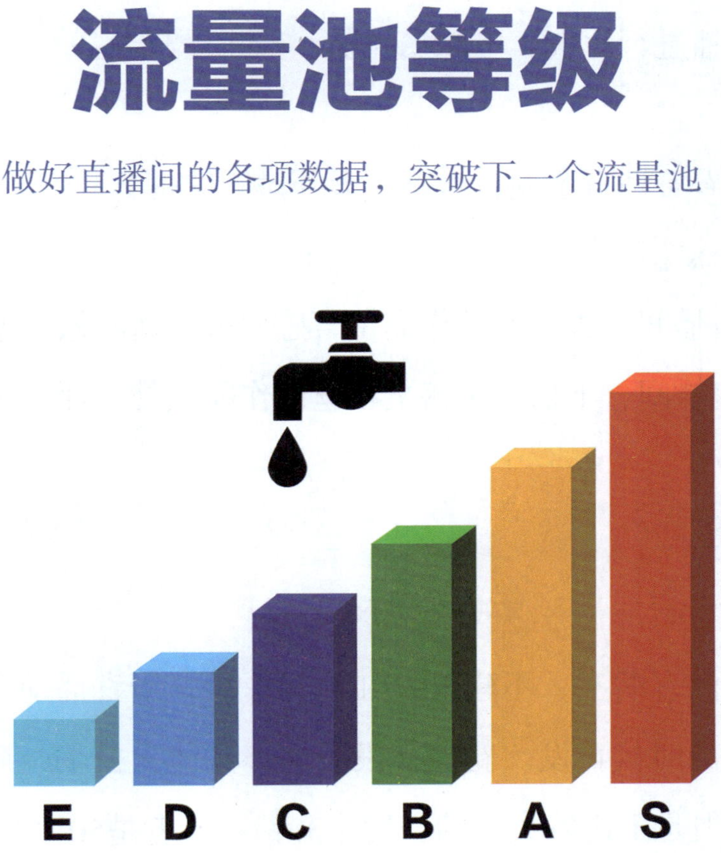

级别	场观	在线
E级	200~500人	1~20人
D级	501~5000人	21~60人
C级	5001~30000人	100~800人
B级	30001~200000人	1000~3000人
A级	200001~1000000人	3001~10000人
S级	1000000人以上	10000人以上

第98讲 下播必做的四件事

1. 截屏本场直播数据，并登记数据

（平台保留10场数据）

2. 复盘总结

（与上几场直播进行比较，不断找问题，不断提升）

3. 充钻石

（每天下播都看看钻石余额，为第二天开播做准备）

4. 下播后去感谢粉丝

（1）人少的直播间，去铁粉的作品留言感谢和直播间做数据；

（2）人多的直播间，下播后去榜上粉丝的作品点赞、评论感谢。

直播间的误区

1. 红包福袋叠加法（引来红包粉，亏播）

首播标签没有贴上，不建议发红包和福袋，当直播间做到六七十人或者是百人以上的时候再发。新主播没有太多的能力控场，所以这个时候可以发个福袋，但是不用发太大的，发个30钻石或者是50钻石，也就是3~5元钱就可以。当极速流量来的时候，几乎都在260人以上。这个时候建议大家再去发福袋，可以发一个稍微大一点的，发个一百多钻石或两百多钻石都可以。但是福袋要发10分钟的，这样想领福袋就要停留10分钟，抖音平台的推流机制就是有人停留就有推流。

2.点“+”开播，没有流量扶持

听到其他主播说过点“+”键开直播是没有流量扶持的，其实这是不对的，只要是新账号都有10天的流量扶持。

只有两种账号没有流量扶持：

第一种账号就是违规账号，互粉互赞或者是营销广告账号；

第二种账号就是停播、断播账号。

3.测流量（15分钟下播，来回转场）

很多主播说测流量要测3天，15分钟就下播；还有主播说首播推流慢，让我们来回转场，这也是不对的，不要盲目转场。

只有两种情况需要转场：

第一种情况就是直播推荐是零，下播后应联系抖音客服，几分钟以后再上播；

第二种情况就是账号违规了，下播5分钟以后再上播，这叫正确的转场。

第99讲 直播间不能做的事

1. 不可以穿着暴露，衣领不可以过低；

2. 不可以抽烟、喝酒；

3. 不可以直播危险行为；

4. 人不可以离屏幕太近；

5. 未成年人不可以出镜；

6. 不可以做广告推销；

7. 不可以诱导粉丝刷礼物；

8. 不可以说领导人的名字；

9. 不可以边开车边直播；

10. 不要对着自己家的招牌；

11. 不可以在没有挂橱窗的情况下卖货；

12. 不可以暴露大面积的文身；

13. 不可以骂人，说脏话；

14. 不可以录播；

15. 不可以长时间离开直播；

16. 不可以引流第三方平台；

17. 不可以恶意搞怪、低俗表演。

第15篇
首播准备篇

◎ 首播策划方案

◎ 首播的注意事项

◎ 新人不能做的事

◎ 开播前的五大准备

◎ 搭建高权重账号的七个步骤

◎ 经验分享——如何锻炼口才

第100讲 首播策划方案

第一句：问好＋欢迎＋介绍自己是首播

欢迎大家来到我的直播间，刚刚开播、刚刚上线，走过路过的朋友，稍作停留！因为很多小伙伴正在赶来的路上。我的直播间刚刚打开，正在热场，正在暖场，今天是我的首播，在这里要感谢所有来到我直播间的朋友们对我的支持和助力。虽然说我是个新人主播，但是我也是做了充足的准备和系统的学习，才敢于迈开第一步来开播的。

第二句：抓住新人恐播不敢开播的痛点

如果你也是个新人，想开播又不敢播的、恐播的，开了播不知道说什么的，那么，今天你一定要留在我的直播间，你知道我为什么第一天开播，说话就这么溜吗？为什么思路这么清晰呢？为什么不紧张不激动呢？我给大家说一下，就是因为我开播之前准备做得好。现在不管你是新朋友还是老朋友，你要想把直播间做起来，必须做好充足的准备才能去开播。没有做好充足的准备开播了，你会发现你的账号一播就“废”。是不是这样的，大家想一想？所以说今天我是做好充足准备才开播的。如果你是一个没有开过播的新人，稍后我会跟大家分享，我是如何做准备的，新人开播前的六大准备我要送给你们，现在×点××分，×点××分我准时给大家分享。

第三句话：再次造势新人开播前六大准备的好处

我给大家说一下，今天只要你听完我这开播前的六大准备，让你的账号搭建起来事半功倍！抖音平台的主播像铁打的营盘、流水的兵一样，来一波走一波，你以为这些不干的家人是因为颜值不够高吗？是因为口才不够好吗？是因为他们的学历不够高吗？我想说的是，都不是，就是因为他们开播之前没有做好充足的准备。前期直播间有推流，如果你留不住人，后期直播间就不给推人了，直播间没人了播着播着就没有信心了。

这六大准备做好了，可以让你的账号搭建起来事半功倍。接下来，给大家分享六大准备、三个建议。

六大准备

第一个准备：选择好的手机号码，不要有违规记录。

第二个准备：先去活跃再注册登录。

第三个准备：打短视频的标签，发垂直的视频作品。

第四个准备：打直播间的喜好标签，去对标同行的直播间，点灯牌。

第五个准备：准备宣传，名字后面加上首播的时间，以及发作品去宣传。

第六个准备：内容的准备，提前写好自己的直播内容和大纲。

三个建议

第一：要有好的心态，不能三天打鱼两天晒网。

第二：要有好的状态，状态不一定是指声音大，要享受自己的直播，享受自己的表演。

第三：要有好的口才，不仅是语速快，还要学会在直播间控场以及用手势来引导。

第101讲 首播的注意事项

一、首播直播间的人数不要太多

不要让自己的账号变成一个高开低走的账号，要让它低开高走，第一天达到150人左右就可以，第二天做到200~300人，数据一天比一天好，这样的直播间才是好的。

二、首播的时长最好控制在2~2.5小时

首播的时长千万不要超过 3 个小时，首播不能拉时长，容易导致直播间不推流。如果首播第一场没有做到百人直播间，那么过几个小时再开一场直播，按照首播流程再开一遍，这样效果会更好，同样也不要播太长时间。

三、首播不要把所有的东西都讲完

给大家留下悬念，明天继续来直播间听。

四、首播不要讲干货

首播可以没有任何的干货，只有方式方法，不要用教别人的方式开直播，要以分享者的身份跟大家接触，这样更容易让大家接受，让大家感觉到心里舒服才是关键。

第102讲 新人不能做的事

1. 随手拍作品，作品内容不垂直，比如，美食、风景、孩子……

2. 作品拍摄时间过长，没有完播率（最好8~15秒）。

3. 作品文案有线下引流。

4. 全部搬运或抄袭他人作品。

5. 出现水印、LOGO、第三方平台进行营销。

6. 文案出现敏感词。

7. 画质模糊不清。

8. 花钱买流量。

9. 抖音号改成手机号或微信号。

10.大量取关粉丝。

11.频繁改主页（每个月只有4次机会）。

12.大批量地删除或隐藏作品。

13.频繁异地切换账号。

第103讲 开播前的五大准备

一、直播大纲

每个主播必须准备，只有准备了直播大纲心里才有底，因为你从来没有开过直播，开启人生中的第一场直播肯定会特别紧张，紧张就容易忘词，不知道说什么，讲什么。当你准备了直播大纲以后，紧张的时候看一眼直播大纲就不会忘词，更有利于整场直播的流畅。

二、开播时间

你可能学了太久，越学越迷茫，越学越彷徨，不知道开播到底该讲啥，该说啥，导致今天拖明天，明天拖后天，所以要确定开播时间，逼自己一下，逼着自己开播，只有播了才有机会。

三、准备一个宣传短视频

开播之前发一个短视频给自己做宣传，写上什么时间首播，给自己直播间引流。

四、硬件准备

手机网络、支架、充电宝、散热器，这些都是必备的直播设备。

五、直播能力

一定要锻炼自己的直播能力，没有直播能力直播间是做不起来的，直播能力需要在每一场直播中不断地锻炼。

第104讲 搭建高权重账号的七个步骤

（1）建议到营业厅买一个新手机卡注册或使用没有开过直播的抖音号。

（2）卸载抖音，用流量重新下载抖音，这个操作没有什么特殊的含义，只是把原来抖音里的文件删除掉，用一个全新的抖音来搭建。

（3）手机卡插到手机里以后，千万别着急注册抖音账号。去推荐页刷作品，刷对标账号的作品（对口型或者口播），如果不是对标的作品快速划走，如果刷到对标账号的作品，完播、翻翻评论，但是不需要点赞和评论，然后进入他的主页看一看其他作品，必须完播，保证停留时长，因为抖音会根据你对作品的停留时长判断你喜欢什么类型的作品。

（4）如果你刷到的作品80%都是对口型或口播的，这时你可以给作品点赞、评论了，此时点赞、评论需要登录抖音号，直接用手机号登录即可，千万记住个人资料暂时不要修改。

（5）如果刷到对标账号的直播间，可以进去活跃账号，切记在直播间停留一会儿再亮灯牌，不要一进去就开始亮灯牌，一定要增加停留时长，让抖音识别到你喜欢什么类型的直播间。这是很关键的步骤，只有增加了停留时长，接下来才会刷到更多同类型的直播间。

（6）修改个人基本资料、名字（某某首播筹备中），让大家知道你是一个直播粉丝，直播间容易涨到粉丝，然后直播间活跃交朋友，关注数量最好不要大于粉丝数量。

（7）涨500~1000的粉丝再去开播，开播之前要实名认证。

第105讲 经验分享——如何锻炼口才

经验分享就是讲故事 + 讲知识，个人的经历就是故事，个人的经验就是知识。

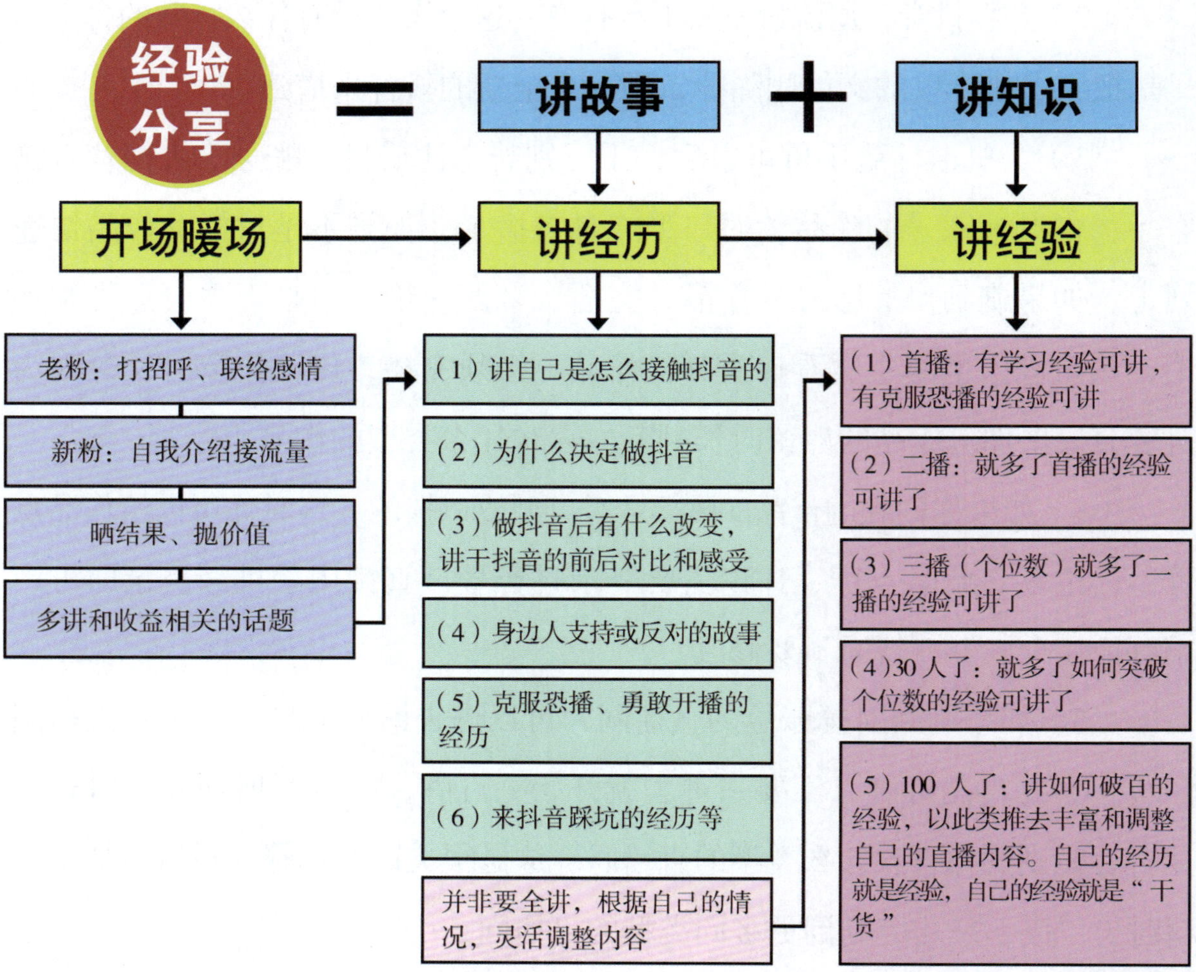

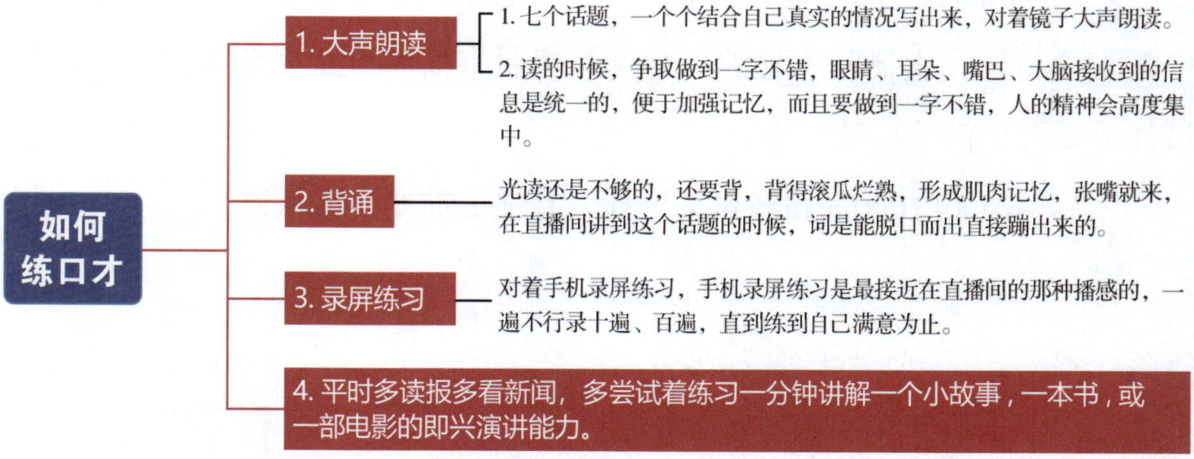

第16篇
首播基础篇

◎ 如何打标签

◎ 首播怎么播

◎ 二播怎么播

◎ 新人的七个基础话题

第106讲 如何打标签

抖音是一个数据平台，系统是根据你的标签来给你推送和匹配流量的。

如何贴标签

- **（1）喜好标签**
  - 作为用户身份，我们喜欢谁，例如：给 ×× 点关注亮灯牌相当于是向抖音下达指令：我喜欢 ×× 主播，这就叫作打喜好标签。
  - 给同频赛道主播点关注亮灯牌，给同行作品完播、点赞、评论。
- **（2）创作标签**
  - 作为创作者，谁喜欢我？抖音就会把我推送给谁。
  - 系统会根据你的作品自动打创作标签，另外会根据作品是什么人爱看来打，可以根据我们的目标客户发他们爱看的内容，也可以前期涨点精准粉丝来给我们打标签。
- **（3）直播间标签**
  - 根据直播间留下的人身上的共性来打标签
    - 慢打：如果一场直播没打上标签，可以通过一场又一场直播不断留下人，最终数据够多，抖音能根据你留下什么人来判断你是什么主播，也能打上标签，只是比较辛苦。
    - 快打：通过一场直播打上标签，就是首播。首播是打标签的绝佳时机，不要浪费，首播可以邀约几个粉丝助力，但千万不要找亲戚朋友来凑人数，不利于打标签，开播打上精准标签，后续推流才更精准。

三大识别系统

1. 语音识别

我们在直播间讲的每一句话、每个字每个词都能被抖音的语音识别系统所抓取，所以，我们不要去讲违规或者违禁词。我们可以在直播间多讲经验分享、直播创业之类的关键词，可以起到语音打标签的效果。

2. 画面识别

我们直播间的画面是会被抖音拆分成很多个小细节进行识别的，所以也可以放相应的道具，让系统识别到我们是什么类型的直播，例如，××会在画面里放上支架，补光灯之类，让画面识别系统识别出来。

3. 文字识别

我们直播间的弹幕区的文字也是可以被识别的，不能讲违规的内容。同时我们也可以通过文字识别系统给自己直播间打标签，例如，设置福袋或提问的时候，多引导打字：经验分享、直播创业、宝妈之类的字眼，让系统识别到主播的类型。

第107讲 首播怎么播

首播是一个主播学习的起点，而不是终点，首播可以反复讲下面三段话，并穿插讲自己的故事。大家可以根据自己的喜好灵活选择。

第一段，简单的自我介绍。

欢迎大家走进我的直播间，今天是我的首播，刚刚开播，我是一个来自广东××的普通宝妈，刚来抖音还是一个新人，我不是来玩儿、也不是想来当网红的，我是想来学学直播，做一个经验分享类型的主播，来抖音创业挣点生活费。今天是我人生的第一场直播，如果你也跟我一样，想来了解一下抖音，通过抖音赚生活费，可以在我的直播间听一听我的故事和经历，也见证一下我的首播。

第二段，讲经历引共鸣，讲感受抓数据。

今天是我第一次开播，非常紧张，很怕熟人刷到我笑话我，我在家有七八年没有上班，一直过着手心向上的日子，现在孩子大了，我也想经济独立，但是在家带了这么多年的孩子，跟社会基本脱节了，找不到合适的工作，上个月我无意中刷到一位河南的宝妈，她说她三个小时能挣不少，而且她不用唱歌，也不用跳舞，就在直播间聊聊天说说话，我觉得这事我也能干，我想着只要一天挣个一两百就够了，那也给自己挣份工资嘛，是不是？你们觉得我能做到吗？觉得能打个“能”，觉得不能，打个“加油”，感谢各位朋友的支持和鼓励。

第三段，塑造价值，给别人一个留在我们直播间的理由。

今天是我的首播，虽然我是一个新人，但是我不是盲目开播的，开播前我学习了整整一个月，也见证了很多的新人首播，积累了很多经验，有没有和我一样想来抖音开播创业的朋友，有的话打个“有”，如果你们有开播的想法，但迟迟不敢开播的话，今天你们可以看看我，把我的首播当成你的首播，听听我的故事，看看我今天的表现和结果，也许你能在我这里找到开播的勇气。我是纠结了整整一个月，也恐播了一个月，一直不敢开播，怕熟人刷到我笑话我，也怕我留不住人，直到前几天我在一个主播那里学到一个首播起飞的方法，我录下来后，一字一句打出来了，但我还是不敢开播，直到昨天我亲眼见证一个新主播用这个方法首播突破百人在线，所以我今天也带着这个方法来开播，你们也看看我今天能不能成功，要是能，这个稿子我放进粉丝群你们拿去用，如果不能，那也帮你们排个雷、避个坑，好不好？

抛结果＋见证法（拿出状态、强调首播、人数对比）。

家人们，你们有没有见证，真的上人了，见证的打一个见证，欢迎新进直播间的朋友们，今天是我首播第一天！我就讲了一个开场暖场，直播间就来了这么多人。如果你们不知道我刚刚的开场白是怎么讲的，可以留下来，我再给大家重新讲一遍好不好！

除了三段话和见证法之外，我们还要做两个动作：

（1）要30~60个灯牌；

（2）要10个新人专属礼物“天鹅之梦”。

第108讲 二播怎么播

重点：首播没有突破，二播当首播来播，因为首播这个话题更容易留人。

直播间的三大核心：开场接流量、中场抛价值、还原首播。

一、自我介绍+讲经历

欢迎走进直播间的所有朋友们。大家好！我叫××，来自广东的一名普通宝妈，打过十年工，开过餐饮店，目前全职在家带娃，想来抖音直播已经有很长一段时间了，一直恐播，害怕不敢开播，昨天终于勇敢开启了人生的第一场直播。

二、晒结果，引好奇

欢迎走进直播间的所有朋友们，大家早上好，今天是我首播第二天，我整整恐播了一个月，昨天终于开启了我的首播，我用了三段话做到了87人在线。我本来只打算播一个小时就下播，但是为了完成两个动作，我播了两个半小时，终于完成这两个动作，也取得了一个很满意的成绩。

三、讲抖音优势接流量

围绕抖音的好处去讲：流量大、变现快、门槛低、轻投资、自由灵活等。

四、讲恐播引共鸣

我整整恐播了一个月都不敢开播，朋友们，你们恐播过吗？有的打个“有”。我学习了半个月，笔记记了一本又一本，你们有和我一样的吗？有打个“有”。直到前天我亲眼见证我的老乡，用首播三段话、两个动作的方法开播了，我也用了这个方法，首播就做到了87人在线，各位家人，我马上给你们分享一下我首播讲的三段话。

五、讲首播经历

给方法：演示三段话，一边演示一边上人，再解释每段话的核心技巧，让观众停留下来。

第109讲 新人的七个基础话题

经验分享就是从讲故事开始，而这七个话题是经验分享的基础，要读要写要背。

自我介绍

自我介绍是每个主播在直播间要讲无数遍的内容，也是树立人设，或者讲自己价值点的环节，更是让观众能在最短时间内了解你、认识你、喜欢你并决定留下的一段话术。所以自我介绍一定要写自己真实的故事，要简短，还要突出自己的价值，一定要反复打磨。

1. 我如何来到抖音的

- 看到一个宝妈不唱歌不跳舞可以做到千人在线，就在那里说说话聊聊天就那么多人，当时觉得不可思议，但还是停下来听了一会儿。
- 她说每天一场直播几个小时，四五位数收入，心里真是很羡慕，感觉她在做的事我也可以做到啊，也想来开播挣点零花钱。
- 看 ×× 每天讲一样的内容，反正学习也免费，就算干不起来，想想也没啥损失，我就决定自己也要试试看。

2. 我为什么干抖音

- 门槛低，不要求颜值和学历，不用唱歌跳舞也能开播，普通人能做得了。
- 看主播一天播几个小时，时间还可以自由选择，我想着还能照顾孩子照顾家庭。
- 投资少，线下创业开店真心很难，但做抖音只需一个支架就能开播。

3. 我怎么学习抖音的

- 可以简单讲，自己学了多长时间才来开播的。
- 也可以细讲，自己天天一边干活一边听，天天趴直播间听，一边听一边录屏一边记笔记，录得手机内存都满了，笔记记了一大堆，比当年高考还用功呢。

4. 干抖音的前后对比

- 干抖音之前在工厂打工，一个月只有 3000 块钱，现在干抖音 7 个月了，赚了以前一年的工资，以前的负债还清了，感觉一身轻松。
- 以前很颓废，天天刷手机打麻将，干抖音后沉迷学习，变得积极，充满正能量了。
- 以前天天只会花钱“买买买”，现在开始挣钱了，虽然不多，但每天都有收入，有收入了人也就很踏实，感觉生活也有了奔头。

5. 家人支持还是反对

- 沉迷学习，导致怠慢家务，家人刚开始有一点点反对，但是看到积极的改变及成绩，他们也转为支持了。
- 有朋友泼冷水
  - （1）说我没特点没亮点没槽点太普通——有内容有价值。
  - （2）说现在干抖音太晚了——不晚，现在干正好。
  - （3）说没有团队干不起来——举实例（例如 ××）。

6. 我的恐播和迷茫

- 我在线下当过管理层，做过老板，也经历过恐播，怕被熟人笑话。
- 然后，我又是如何克服内心的恐播，勇敢开播的这个过程就是给观众力量的故事。

7. 来抖音踩坑的经历

- 比如：买过什么课程，发现没啥用，或者是买过大主播手稿，但买回来发现都大同小异，而且同样的词别人说能上人，自己说就没用。
- 虽然花了点小钱，但是我依然很感恩走入直播这份事业中来。

第17篇
新人开播全流程篇

◎ 刚开播时的开场暖场话术

◎ 开播第一天过三关

◎ 新人开播找流量的方法

◎ 留住第一波初始流量的七步

◎ 搭建账号的十不要十要

第110讲 刚开播时的开场暖场话术

开场前半小时，抖音会把第一波人推给我们，我们要想尽一切办法把人留住，留住第一波人，平台才能给我们推第二波。

把自己最好的精神状态拿出来（状态大于内容，状态是留住人的根本）

家人们，欢迎大家来到的我直播间，我刚刚打开直播间，今天是我第一次直播，欢迎每个朋友的到来。没想到刚上播直播间就进人了，大家一起跟我见证一下，看我一会儿直播间能不能上到10个人，好不好？我问下大家，你们开过播没？

（顺便做一波评论互动）

直播间人少的时候记得念大家的名字，欢迎他，有人给你点赞或亮灯牌，就感谢他，让他在你的直播间有存在感，他才愿意留下。

大家可能不知道我们这种类型的主播是干什么的，我给大家介绍一下。我们这种类型的主播没有门槛，谁都能播，叫作经验分享主播，也叫聊天主播，我们就是在直播间里聊普通人是怎么开直播的。

大家知不知道我们的钱是怎么赚的？

第一种叫钻石，就是公屏这些朋友给我们刷的礼物，这部分下播之后我们就可以立马提现，而且不用等，但是要跟抖音平台平分，抖音一半自己一半，下播就能用，能明白的扣个“能”字。

第二种叫带货赚佣金，我们带货不用自己进货、压货，抖音上有成千上万个商家入驻，什么商品都有，吃的、喝的、用的什么都有，我们要一个样品来直播间介绍就可以，卖一单赚一单的佣金，非常省事。

第111讲 开播第一天过三关

一、没人关（让自己赢在起跑线上的三个动作一句话）

因为我们打开直播间在线人数是 0，大主播小主播都一样， 抖音是个赛马机制，谁先让抖音发现，谁就能赢在起跑线上。因为抖音采用语音识别、人脸识别、文字识别系统，我们要让抖音优先发现我们。

一句话：说什么都可以，作为主播，要开播就要准备好说话，直到下播。

三个动作：（启动直播间）

（1）点赞（自己对着屏幕为自己点赞200下加热直播间）；

（2）评论（自己给自己发10条评论，让公屏滚动起来，让抖音识别到你的直播间，例如：正能量、加油、666、888 等）；

（3）礼物（自己小号给自己飘10个“小心心”，产生付费数据）。

【注意】①新人不要上来就要东西；②不要玩手机；③不要不讲话。

二、同城关

抖音平台让同城的人来我们直播间，考验我们有没有留住同城的能力。让跟你在同一个城市的5~7个家人朋友不要关注你，但在你开播前3天，每天去你作品下面留言，产生黏性，等你开播的当天通过同城页面刷到你，进入你的直播间，给你点亮灯牌 + 关注 + 点赞2000以上 + 评论30条以上 + 停留20分钟就可以了。

三、突破百人在线这一关

（1）打开直播第一件事——发福袋；（2）配合福袋说话术留人；（3） 用见证法留人；（4）抛结果留人；（5）状态留人。

第112讲 新人开播找流量的方法

新人首播2个指标：要么突破播放量，要么作品上热门。

主播2项能力：作品上热门带动直播或者主播能力强带动作品。

开播找流量6步

（1）拉新：找新鲜流量（刷推荐页，去各个作品下面评论、点赞）。

（2）正确发视频预告：开播前10分钟发作品，分享3遍作品给个人或者群。

（3）名字预告：把名字筹备中改成具体日期和时间，去各大直播间留足迹，点灯牌扣字交朋友。

（4）户外：场景、道具，户外有流量扶持。

（5）设置封面和话题：宝妈直播创业、宝妈赚生活费、新人开播日入3位数，位置打开，语言教学+新人首播，可见范围——所有人。

（6）直播公告：抖音创作者中心 → 主播中心 → 公告：每天下午×时××分新人首播。

如何找自己流量口

（1）不要在小时榜开播（因为作为新人新账号去冷启动，没有粉丝、没有知名度，并且此时段各大主播都在冲流量，新人没有优势）。

（2）准备两部手机，一部用于开播一部用于看数据，找流量段早中晚助推加速。

（3）自己去测试流量口，测试时间。可以早晨一场，晚上一场，测试一下自己哪个时间段人多，以后就定在哪个时间段开播。

第113讲 留住第一波初始流量的七步

一、开场暖场话术

以下话术仅供参考，用自己的思路讲出来，不要做任何人的复读机，利他思维的开场，把自己最好的精神状态拿出来。

（1）欢迎所有的朋友来到直播间，主播刚刚开播，刚刚上线，主播是一名新人，今天是我开播的第一天。来，刚进到直播间的朋友，大家在公屏上扣个“1”，20位朋友互相认识一下，直播间人不多，20位朋友1分钟就交完了。

这一句话完成了3件事：评论数据、停留时长、帮别人涨粉。记住，不要上来就跟别人要数据，要用利他思维来完成评论互动数据，你说的每一句话要对别人有用，对别人有利，别人自然会停留。

（2）家人们，感谢你们来到我的直播间，不嫌弃我一个新人，直播间人比较少。我知道大家跟我一样，都喜欢去逛大直播间，但是这些大主播，他们那么高的人气，也是我们这些新人堆起来的，如果没有我们，他们也做不到那么高的人气，你们认同不？所以，我们这些新人，如果能互相帮助的话，能更快做到千人万人在线，你们说对不对？

这段话是在跟大家找共鸣，拉近关系。

（3）大家一定见过各大主播的开场暖场，但我发现，他们的话术并不适合我们新人，大家可以听听我的开场，我正在接第一波流量，多听几个版本，等你开播的时候，找一个适合自己的话术拿去用。

（4）大家都定好开播时间了吗？大家可以把你的开播时间打在公屏上，你开播时只要我有时间，只要跟我的开播时间不冲突，我必到。（做了波评论互动数据）

打开直播间同步第一件事“发福袋”

A.设置好福袋口令，如：关注了主播、主播优秀、想学直播、加油等。

B.不要随意设置口令，如：哈哈、主播真漂亮、主播后面有只猫。当很多人参与后，评论区的这些口令会滚动起来，时间长了会打乱自己的标签，导致以后来人不精准。

C.当有人参与后，你的评论数据就产生了。

D.发5分钟的全民福袋（条件：加入粉丝团）。

E.发10钻石5个人参与或者10个人参与就可以，总共50~100钻石，新人直播间不用发太多。

F.5分钟之后再发一个，开播后连续发3个就可以（看你直播间人数情况而定，一直上人建议连着发3个，因为人都有一个占便宜的心理）。

家人们，我刚刚打开直播间，抖音正在给我推人，我正在接流量，给大家发了一个福袋，大家记得去参与一下。（只要参与了，你的评论数据就有了）

二、晒结果

1.晒别人的结果：

大家知道我为啥来抖音吗？6月份之前我都不知道抖音平台适合我们普通人来创业，在家里歇着，然后抖音就给我推送这种创业类型的直播间，直播间里的主播就是教大家怎么创业的，我看到有个宝妈每天可以有很高的收入，当时我就知道这个事能做。

2.晒自己的学习结果：

所以刷到这种直播间之后我也开始学习了，开始记笔记，我就去各大直播间听大主播讲，免费学习。我们来到这个平台上学习不需要花钱，不

需要报什么班，我就自己免费自学了×天，涨了×粉，发了×个作品就开播了。（你的学习结果就是你的结果，引发别人的好奇）

3.晒自己的实时结果：

家人们，你们知道吗？我刚打开直播间5分钟，现在已经有收入了！我想告诉大家，我们来开直播，是按分钟产生收益的，跟我们上班不一样，是下播立马可以提出来的。

三、抛话题

说接下来自己会给大家带来2~3个小时的分享，今天就讲三个板块的内容，一是××、二是××、三是××。就是你今天要讲的内容，标题提前讲出来，预告出来，让大家对你的整场直播有个期待，也让大家知道你的直播间是干嘛的。

四、自我介绍

给大家介绍一下，我叫××，我来自××，我是一个新人主播，今天是我的首播，是我人生中第一场直播，我是一名知识分享型主播，我们这种类型的主播，只需年满18岁就能来开播！

来到你直播间的一共这几类人你要说以下几句话。

（1）如果你跟我一样，是宝妈或宝爸，还不知道抖音平台能创业的，想要赚取生活费的话，等孩子上学后可以来这儿学习一下，怎么挣个生活费，怎么给孩子赚个奶粉钱。

（2）如果你跟我一样，是个开店的，做实体的，大家可以听听我是怎么开始的，因为我也是自己刚把店关了才来抖音直播的。

（3）或者你是想换工作、想找一份兼职的朋友，也可以留下来听听我们普通人是怎么开始的。

（4）还有想开播没有开过播的家人们，或者想开播不会开播的家人们，大家来听听我是怎么做的。

五、见证法留人

家人们，我刚刚打开直播间5分钟，咱们现在直播间人少，福袋记得去参与哦。做个动作让大家一起来见证一下我的直播间能不能上到30个人。（调动大家的好奇心）

看看第二个福袋结束之后，我能不能做到50个人，如果10分钟之后我直播间能上到50个人的话，我就教大家这个方法，大家都知道我们想要一天赚多少是跟直播间的在线人数有关的，所以大家跟我一起见证一下。

这个方法可以重复说，其实这一个动作就是调动大家的好奇心，好多人会停留下来跟你一起见证。只要停留了，我们就完成了目标，完成后去告诉大家，这就是见证法。

六、控场做数据

（1）家人们，我直播间的交友暗号是999。

（2）没有给主播点关注的家人，大家可以关注一下，要不然一会儿出去，就找不到我了。虽然我是个新人，今天刚开播第一天，但是大家可以一个星期后再来我直播间看看，看我能不能做到百人在线。

（3）没有领福袋的家人记得去领。

要记得做1个停留＋3个新增。

1个停留是把人留住，3个新增是新增粉丝、新增评论、新增付费。

七、状态留人

状态决定你做得好不好，心态决定你走得远不远。（在我们刚起步的时候，什么都不会的时候，如果状态再跟不上，很难留住人）

第114讲 搭建账号的十不要十要

一、十不要

（1）千万不要用自己的身份证实名认证企业号。（一个人只能实名认证一个账号，企业号用谁的身份证都可以）

（2）千万不要用发视频开直播的账号开抖店。（抖店管理比较烦琐，建议抖店号和直播号分开，单独运营）

（3）千万不要用下载的别人的视频混剪发布。（原创发现后举报就违规）

（4）千万不要着急实名认证，不开直播不认证。（避免有些朋友不想用这个账号开播不能解绑，只能注销账号）

（5）千万不要多个账号发一模一样的作品。（属于搬运行为）

（6）千万不要用与别人一模一样的文案。（属于搬运行为）

（7）千万不要还没定位好就发视频。

（8）千万不要发不垂直的作品。

（9）千万不要忽视短视频直接开播。（短视频是为直播间引流用的，不发就相当于堵上了一个流量入口）

（10）千万不要相信“包你上热门”。

二、十要

（1）一定要做好每场直播的数据。

（钻石、停留、新增粉、评论、点赞、灯牌）

（2）一定要做垂类直播的作品。（一种作品类型）

（3） 一定要打造个人IP 。

（尽量本人出镜，让大家记住你，对你有印象）

（4）一定先测号再开播。

（一天可以播两场，测试下哪一场直播人多，以后就固定在哪个时间段开播）

（5） 一定要多准备几个号。

（以防万一，封号或以备不时之需）

（6）一定要用自己的身份证实名认证。

（7）一定要习惯性地去检测账号。

（8） 一定要每天更新作品。

（9）一定要多去涨粉丝。

（10）一定要多跟优秀的人交朋友。

第18篇
首播突破篇

- ◎ 慢流量如何吸引人、贴标签
- ◎ 抖音基础问答
- ◎ 直播细节和技巧
- ◎ 从0~1000如何突破
- ◎ 十大留人方法
- ◎ 商业定位、人设定位、内容定位
- ◎ 直播伴侣绿幕直播

第115讲 慢流量如何吸引人、贴标签

欢迎××来见证我的首播，你是我创业道路上第一个贵人，我第一天开播，刚打开直播间，第一个贵人就来了，证明咱们之间非常有缘分。

欢迎××来见证我的首播，你是我的第二个贵人，两个灯牌了。第三个人来了以后，你就说：你是我的第三个贵人。要给别人有一个存在感。

感谢我的××给我贴了第×个标签，感谢我的××，家人们去认识一下我的××，非常大爱的家人，你们有没有发现我的直播间标签越来越精准了。来的都是同频对标的家人，你们都可以稍作停留，等一下，人多一点，我再帮你们喊，让你们今天在我的直播间好好地交朋友，好不好？

大家看一下我现在已经有××个灯牌了，我看需要多久能完成30个标签，人家说我们新人首播当天不需要去做其他事，就是喊人留人做数据，给我们的直播间贴标签，这样的话抖音会识别到我们是做经验分享主播，会给我们精准推流，直播间所有的家人们，感谢你们今天来见证我的首播，不认识我的话，也可以认识一下，虽然说我不是一个特别优秀的主播，你们与我相识，到时候只要你们开播需要去做数据去助力的话，给我一个私信，或者作品下留言，我也去帮你们做一套完美的数据。

几十人叠加流量：欢迎走进我直播间的家人们，大家好！有没有刚来的朋友，刚来的打个“刚来”，咱们老朋友把打刚来的新朋友一起带一带，今天来到直播间你交的都是朋友，我们不像那些大主播，他们自带流量，上人快，我们新人需要你们的助力和扶持，今天每个人在我的直播间挖波朋友再走，感谢你们的陪伴和支持。

第116讲 抖音基础问答

01 如何修改昵称/简介/头像/背景图/抖音号？

进入个人主页，点击名字处，即可进行昵称、简介、头像、背景图、抖音号等个人资料的修改。

02 为什么修改不了头像/昵称/个性签名等用户个人资料？

如果你的用户资料无法修改，并收到修改资料不可用的提示，则表明：你修改的内容因含低俗、不文明、广告等违禁词而无法修改，建议你更换其他内容尝试。

03 提示资料修改次数已达上限什么意思？

若你在修改资料时，系统提示你资料修改次数已达上限，可以等待限制时间到期后重新提交修改即可。修改资料限制次数如下，建议你合理操作：①头像每日可修改 5 次；②个性签名每日可修改5 次；③背景图每日可修改5 次；④ 昵称每30天可修改4次 ；⑤认证信息每60天可修改1次。

04 为什么会提示“此账号已绑定到账号××”？

抖音目前仅支持“同个手机号仅可绑定同个抖音号”，出现该提示表示你输入的手机号已经绑定过其他抖音号，建议你更换别的手机号来绑定新的抖音号试试。

05 为什么提示“此账号已存在绑定”？

抖音目前仅支持“同个微信、QQ、微博、今日头条、西瓜视频号绑定同个抖音号”，出现该提示表示你输入的同个微信、QQ、微博、今日头条、西瓜视频号已绑定过其他抖音号，建议你更换别的同个微信、QQ、微博、今日头条、西瓜视频号来绑定目前的抖音号试试。

06 手机号登录失败，登录显示账号被锁定怎么办？

（1）如果手机号可以正常使用的情况下，可以通过抖音App，打开「我」→右上角「≡」→「设置」→「账号与安全」→「抖音安全中心」→「锁定保护」进行操作，解锁账号，即可自助解锁。

（2）如果手机号不能正常使用的情况下，需要在抖音登录页面点击右上角的「帮助与设置」→「解除锁定」→「解除锁定保护」，选择「使用绑定手机号解锁」或「使用抖音号解锁」，按照页面提示进行认证，并回答相关问题，即可完成自助解锁。

07 如何解绑手机号？

抖音目前只支持手机号换绑操作，可以先将抖音升级至最新版，然后：

（1）如果手机号可以正常使用的情况下，可以通过抖音App，打开「我」→右上角「≡」→「设置」→「账号与安全」里点击手机号，即可更换已经绑定的手机号码。

（2）如果手机号不能正常使用的情况下，抖音号不能正常登录，可以按照以下步骤操作：抖音登录页面，点击「帮助与设置」→「手机号不用了，无法登录或换绑」按照界面提示进行换绑操作。然后输入原手机号后，即可进入验证页面，根据提示提交验证材料。

08 一个手机号可以注册多个抖音号吗？

为了确保用户账号的安全性和避免出现多个账号可能导致的不便，目前在抖音平台上，一个手机号只能注册或绑定一个抖音号。这样的设置有助于让你和其他用户都能得到更好的体验。

09 如何实名认证？

通过抖音，打开「我」→右上角「≡」→「设置」→「账号与安全」→「实名认证」进行操作，即可完成实名认证。

10 为什么实名认证失败?

实名认证失败的具体原因请查看收到的官方消息提示。若提示身份证照片模糊或填写信息和身份证不匹配，可重新填写申请。未成年、视频内容不符合抖音风格、账号有违规记录（如搬运视频、发布广告、上传违规内容、账号作弊）等原因都可能导致无法通过官方审核。

11 如何修改/解绑实名认证信息?

实名认证无法解绑或换绑：一张身份证只能与一个抖音账号进行绑定。

身份证已绑定其他账号：若身份证已绑定过其他抖音账号，将无法再进行实名认证。

如需释放实名信息：可以注销当前账号，从而释放实名信息。

12 如何绑定/解绑银行卡?

通过抖音，打开「我」→右上角「≡」→「我的钱包」→「银行卡管理」，进行操作绑卡。

13 登录账号时手机收不到短信验证码?

获取短信后，运营商可能会延迟，请耐心等一会儿。如果等待一段时间后还是无法收到短信验证码，建议你尝试以下方式：

（1）检查手机号是否输入正确，是否是空号；

（2）检查手机是否已经停机/关机/没有信号；

（3）检查短信收件箱是否设置了骚扰拦截/屏蔽/过滤，确保短信没有被屏蔽；

（4）点击页面下方的「语音验证码」进行获取；

已绑定手机号无法使用，可以尝试自助找回账号。

14 如何注销帐号?

通过抖音，打开「我」→ 右上角「≡」→「设置」 →「账号与安全」

里点击下方「账号注销」按钮，即可注销当前抖音账号。

15 抖音账号 IP 属地显示支持关闭吗？

目前，抖音的账号IP属地显示不支持关闭。为了维护真实有序的讨论氛围，减少冒充热点事件当事人、恶意造谣、蹭流量等不良行为，平台在个人主页等位置会展示IP属地信息，国内展示到省（区、市），境外展示到国家（地区），具体展示信息以网络运营商提供的大致位置为准。

16 如何将抖音升级到最新版？

（1）安卓设备：在手机中找到「应用市场」，搜索「抖音短视频」后点击更新最新版抖音即可；

（2） iOS设备（苹果）：在App Store中搜索「抖音短视频」后进入详情页，点击「更新」即可。

17 如何在抖音进行搜索？

可以打开抖音短视频软件，点击首页的搜索框，输入想搜索的信息后，点击搜索框右侧搜索按钮即可。如果右侧无搜索按钮，请点击手机自带输入法上的搜索或回车按钮进行搜索。

18 为什么搜索结果为空？

若你搜索时提示「搜索结果为空」，可能是：

（1）没有找到与关键词相关的内容，建议你尝试搜索其他关键词；

（2）搜索结果与你的网络状态及缓存相关，建议你切换网络或重启抖音试试。

19 如何清理僵尸粉？

通过抖音，打开「我」→ 右上角「≡」→「设置」 →「账号与安全」→「抖音安全中心」 →「更多功能」→「自助清粉」，进行一键清理僵尸粉（虚假粉）。

20 如何隐藏自己发布过的作品?

打开想要隐藏的「作品」→右下角「・・・」→「权限设置」→选择「私密・仅自己可见」，即可隐藏作品。

21 为什么我无法将头条内容同步至抖音?

目前头条内容同步抖音活动仅邀请了部分作者参与，暂不支持主动申请，后续将结合活动开展情况调整邀请的作者范围。

22 显示账号异地登录怎么办?

（1）修改抖音密码/绑定的第三方密码；

（2）前往「我」→右上角「≡」→「设置」→「账号与安全」→「登录设备管理」中查看所有登录设备，并移除非本人使用设备；

（3）在「账号与安全」→「抖音安全中心」→「锁定保护」中开启锁定保护，成功开启后等待一段时间再尝试重新解锁登录。

23 怀疑账号被盗怎么办?

在抖音登录界面右上角点击「帮助」→「找回账号」进入找回页面自助找回被盗账号。

24 如何设置不将自己推荐给别人?

通过抖音，打开「我」→右上角「≡」→「隐私设置」→「关系与账号」，将「向我推荐可能认识的人」设置为「减少推荐」。同时可以将「找到我的方式」里的几个途径，全部选择「关闭」即可。

25 为什么关闭通讯录后仍然能被好友找到?

因为抖音可能会根据其他抖音好友等多种情况为用户进行好友推荐。建议实在不想被认识的人刷到自己的作品或者找到自己账号，可以将他们拉黑，就可以直接屏蔽。

26 如何拉黑/取消拉黑他人？

（1）可打开要拉黑的抖音用户个人主页，点击右上角「…」→「拉黑」→「确认拉黑」即可拉黑用户。

（2）可以在「我」→右上角「≡」→「隐私设置」→「黑名单」中解除之前的拉黑对象。

27 如何投诉评论？

抖音不支持发表不文明言论行为，可以单击或长按该条评论，并且选择「举报理由」，对该评论进行举报。

28 平台是否会限流？

抖音平台尽最大可能保护创作者的利益，如果没有违反抖音网络社区自律公约的行为，平台不会存在所谓“限流”的说法。（一般没有收到平台信息，或者账号没做出违规行为，就不会限流）

29 视频被侵权搬运如何举报？

若发现涉嫌侵权账号，可以选择以下途径进行举报：打开抖音App→找到被举报账号个人主页→右上角「・・・」→「举报」→选择举报场景。

30 为什么私信发送不出去？

若在私信时收到「对方关闭了私信功能」的提示，则表明：由于对方的设置，你暂时无法私信他。另外，你可以让对方在「我」→右上角「≡」→「隐私设置」→「谁可以私信我」修改相关设置后再试。

31 发视频的时候可以隐藏抖音号吗？

目前抖音不支持隐藏抖音号发视频。

32 如何去掉水印保存抖音作品？

目前抖音视频下载后会自带抖音的水印，暂时不支持消除。

33 如何设置/修改动态壁纸？

（1）如果想设置「动态壁纸」，可以在视频页面点击「分享」→「动态壁纸」进行设置。

（2）如果想修改「动态壁纸」，可以在「我」→右上角「≡」→「设置」页面，点击「动态壁纸」进行修改。

34 为什么部分视频无法设置动态壁纸？

目前抖音的动态壁纸功能，仅作为壁纸使用，是没有声音的。

35 如何删除已经下载的动态壁纸？

可以根据设备型号选择对应的操作路径：

（1）安卓设备：可以在「我」→右上角「≡」→「设置」→「动态壁纸」中，选择需要删除的动态壁纸，点击右上角「···」进行删除。

（2）iOS设备：可以打开设备相册，选择之前已经下载的动态壁纸素材，直接进行删除并选择新的墙纸。

36 为什么部分视频设置的动态壁纸没有声音？

可能是由于该视频暂时不支持动态壁纸生成，需要更换其他视频进行尝试。

37 为什么无法上传视频？

建议先在抖音App内清理下缓存，然后关机重启试试，如仍未恢复，可尝试：

（1）请确认图片分辨率是否小于1080P，部分机型可能支持4K分辨率；

（2）请确认导入该视频/图片的路径与当前所在相册是否一致 。

【温馨提示】目前安卓和苹果手机都仅支持导入1小时以内的视频，安卓手机目前仅支持导入MP4格式的视频，iOS手机支持导入MP4和MOV格式视频。

38 为什么下载视频按钮为灰色?

如果保存按钮呈现灰色即表明该视频暂时无法支持下载，这是平台对优质作品防止被窃取搬运的一种保护，不会影响到视频的正常传播。如果是想分享视频给他人，可复制链接转发给他人，他人可通过链接观看视频。

39 如何设置视频下载权限?

（1）手机端设置流程：可以前往「个人主页」→选择需要设置的视频→页面右下角「权限设置」或「个人主页」选择需要设置的视频→长按视频→「权限设置」进行操作。

（2）电脑端设置流程：可以登录抖音创作者中心（https://creator.douyin.com），点击「视频管理」，选择需要设置权限的视频，点击「设置权限」进行操作。

40 找不到保存至相册的视频怎么办?

视频可能已保存至手机中的DCIM/Camara 文件夹下，可以通过系统相册或文件找到相对应的路径，也可以打开手机，在「文件管理」中的「最近下载」内查看一下。

41 显示“视频不见啦”是怎么回事?

该视频可能是因为内容违规被下架，详情请查看收到的官方消息提示。如有疑问，点击信息「详情」进行反馈。若视频内容不违规，会在1~3个工作日内恢复通过；若内容确实违规，仍不予通过。违规视频是无法通过审核的，通过任何渠道反馈均会是同样的结果。

42 已经删除的抖音作品是否能恢复?

目前抖音上发布的作品一旦删除就无法恢复，可以选择重新发布。

43 为什么同城的人都>100km？

可能是未开启抖音的位置获取权限造成的。请在手机的设置中，开启抖音短视频的定位授权这个权限，然后关机重启，再打开抖音。

44 如何开通合集权限？

当前手机端暂不支持开通合集功能，需用电脑登录抖音创作者中心，在页面左侧的「内容管理」，点击「合集管理」创建并使用合集功能。

45 被分享的视频无法查看是什么原因？

如果无法查看好友分享的视频，可能是以下原因：①可能是视频创作者设置为好友不可见；②可能是视频创作者删除了该视频；③可能是视频创作者是私密账号；④可能是视频创作者把视频修改为了私密视频。

46 如何使用合拍/抢镜功能？

选择视频，点击右下侧「分享」，找到「合拍」即可进行拍摄。【温馨提示】目前只有1分钟以内的视频可以合拍。合拍使用的是原视频的音乐，无法录入自己的声音。

47 如何拍/制作长视频？

目前抖音App内「分段拍」支持最长3分钟时长的视频拍摄，3分钟以内可以使用「分段拍」功能，3分钟以上的视频，可以站外拍摄或通过剪辑制作然后上传。

48 如何发布图文作品？

（1）电脑端：登录「抖音创作者中心」，点击左侧「发布作品」按钮，选择「发布视频/图文」→点击上传或直接将视频/图片文件拖入发布页面即可。

（2）手机端：打开抖音，点击底部「+」按钮，在相册中选择多张图片进行上传。完成作品编辑后，点击「发布」即可。

49 为什么图文视频无法保存为视频？

目前抖音上的图文视频可以保存为图片格式，暂不支持保存为有背景音乐的视频格式。

50 什么是视频赞赏？

视频赞赏是用户激励、支持视频创作者的一种方式，开启赞赏功能的视频创作者，有机会获得赞赏收益。

51 如何给视频赞赏？

需将抖音升级到最新版本，当在抖音浏览视频时，可以长按视频后点击“赞赏视频”或在分享面板选择“赞赏视频”后对该视频进行赞赏。

52 如何开通「视频赞赏」功能？

目前此功能处于内测阶段，暂时只邀请了部分创作者试用，仅针对粉丝量1万以上、账号状态正常且无各类违规、原创度高的部分个人创作者开放内测。可以在「我」→右上角「≡」下方「实用工具」中找到进入「抖音创作者中心」，选择「全部」→「收入变现」→「视频赞赏」，查看是否能开通。如页面提示功能内测中，则当前账号暂时不属于内测范围，无法申请开通，可等待后续内测范围逐步开放。另外，目前暂不支持认证企业号开通视频赞赏功能。

53 如何查看作品/个人账号数据？

通过抖音App，打开「我」→右上角「≡」→「设置」→进入「抖音创作者中心」页面，点击「账号数据」，即可查看个人账号的数据情况，例如流量情况、作品数据、粉丝数据。

54 为什么我会缺少某个道具/贴纸/影集模板？

可能是以下几个原因：

（1）部分道具/贴纸/影集在旧版本无法使用，需将抖音升级到最新版本；

（2）道具/贴纸/影集使用与网络状态及缓存相关，建议切换网络或重启抖音试试；

（3）目前某些特殊机型由于系统适配等原因暂不支持该道具/贴纸/影集，可以尝试使用其他可用道具贴纸。

55 如何使用粉丝通加热视频?

可以进入粉丝通页面，点击「视频加热」部分的「查看更多」→「加热近期视频」，选择一个视频并选择加热流量（每次最少使用 100 流量）后对视频进行加热，开始加热后可在「查看效果」页面查看对应视频的加热进度。【温馨提示】流量奖励仅可使用在7天内发布且最近的100条公开视频上（仅自己/仅互关朋友可见视频、日常视频、私密账号不可使用）。

56 如何开通全民任务?

通过抖音，打开「我」→ 右上角「≡」→「实用工具」→「抖音创作者中心」，选择「全部」→ 进入「任务中心」中即可查看所有在线任务，在任务页面发布视频即可参与任务。或者在搜索栏搜索「全民任务」，进入页面，领取任务。

57 全民任务如何提现?

通过抖音，打开「我」→右上角「≡」→「实用工具」→「抖音创作者中心」→「全部」→进入「任务中心」→「我的任务」→「提现」，即可进行全民任务提现。

58 佣金怎么提现?

佣金提现分为不同场景及路径，具体如下：

（1）达人佣金：满足结算条件的佣金，可以在「商品橱窗」→「常用服务」→「收入提现」→「正式账户」或「商品橱窗」→「精选联盟」→「佣金统计」→「提现」→「正式账户页面」操作提现。

（2）第三方佣金：所有第三方（淘宝、京东等）商品产生的佣金，请到各自联盟后台去查看/提现收益，平台不负责第三方商品的佣金结算，也不向此类商品收取费用。

（3）机构佣金：可以在「百应后台」→「财务管理」→「结算管理」中进行对应费用的提现，可以提现到机构后台已经开通的银行账户中。

59 抖音创作者广告分成计划是什么？

抖音创作者广告分成计划（原“抖音创作者激励计划”），是平台面向抖音优质原创作者全新推出的收益提升与创作变现计划，创作者可以选择同意在个人主页展示广告，即可通过用户连续浏览观看其主页内容轻松获得收入。

60 加入抖音创作者广告分成计划需要满足什么条件？

该计划暂不支持未成年人、企业号、政务媒体号加入。创作者申请功能开通时必须满足以下 5 个条件：

（1）收到内测邀请，请确认是否收到邀请；

（2）账号状态正常（状态异常/搬运抄袭/低质内容过多/被禁止投稿的作者无法加入该计划）；

（3）粉丝数大于1万；

（4）已完成实名认证；

（5）近30天内所有投稿作品总播放量大于5万（转发作品播放、抖音极速版投稿播放不计算在内）。

61 抖音创作者广告分成计划的广告展示形式是什么样的？可以自己选吗？

成功加入此计划后，只有当用户进入你的个人主页并连续浏览内容时，广告才可能以一条单独的视频内容呈现；如果用户只是进入个人主页，但并未进行连续浏览时，则不会看到相关广告内容。

成功加入本计划后，可以在「广告管理」页面设置个人希望屏蔽的广告行业与广告素材内容，被屏蔽的广告行业与内容素材将不会出现在个人主页广告位，目前暂不支持选择希望投放的广告内容。【温馨提示】如果屏蔽广告内容过多，可能会影响广告分成收入。

62 加入抖音创作者广告分成计划对创作内容有什么要求？

抖音创作者加入广告分成计划对创作内容、主题无特殊要求，但必须符合抖音现有创作规范，包括但不限于《抖音社区自律公约》，发布内容需为原创作品或已取得原权利人合法有效授权，不得搬运他人作品，不得未经权利人同意使用／传播其作品，或发生其他侵犯他人著作权的行为。如果违反此政策，一旦发布内容涉及侵权等违法行为，或发生作弊／刷量／恶意拆条／个人页恶意引流等影响抖音内容生态等行为（详细可见「管理」→「抖音创作广告分成协议」），平台将取消此账号继续参与计划的资格，并追回发布相关侵权等违法违规内容后获得的广告分成收入。

63 如何创建粉丝群？

通过抖音，打开「我」→右上角「≡」→「抖音创作者中心」，进入「主播中心」→直播服务「更多」→「公开群」，点击创建公开群，即可新建粉丝群。

64 如何开启直播？

升级抖音至最新版本，点击抖音下方「+」→「开直播」→点击「开启视频直播」。

第117讲 直播细节和技巧

同样的资料，同样的学习，能拉开差距的就在于细节，细节决定成败，细节要抠，技巧要学。

细节决定成败

- **1. 开播前要准备**：很多新人看到别人开播赚钱了，盲目开播，导致直播间不知道怎么播，留不住人，不知道讲什么，无法变现，开始自我怀疑，放弃直播。建议大家开播之前一定要做准备，参考前面的【开播前的六大准备】，里面写得非常详细。
- **2. 学会开场暖场**：俗话说，好的开场是成功的一半，抖音的推流机制就是，接住第一波流量，后续才会有叠加流量和奖励流量，才会源源不断地给你推流，所以开场至关重要。
- **3. 直播间要有价值**：一个没有价值的直播间，是没有让别人停留的意义的，拿自己的内容，站在观众的角度想一想，在你直播间停留能给别人什么价值。
- **4. 主播要有状态**：直播间外有人会看到你，你没有状态，人家就不会进来，你连留下人的机会都没有。
- **5. 开了播要一直说**：千万不要没有人就不说话，等有人才开口，直播间有延迟，等你看到他，他已经进来几秒了。
- **6. 不要一直欢迎感谢**：一味地欢迎感谢没有价值、没有意义，观众没有内容听也会走掉，欢迎和感谢的同时要有内容输出，可以讲讲自己的故事，如果不知道讲什么的，可以参考前面整理的适合新人讲的 7 个话题。
- **7. 不能一味地要数据**：数据很重要，我们需要数据，但是，无论任何时候，要在用利他思维留住人后，再去做数据。
- **8. 不要闲聊**：不要和老熟人闲聊，会错失留人的机会，新进来的人看到你闲聊，会直接会走掉。我们要记住永远要多拉新人，“老铁”放心上，平时多去走动，但是在直播间时我们要多把新人要挂在嘴上。
- **9. 不要只讲不互动**：很多人容易沉浸在自己的世界里，只顾自己讲自己的，我们不光要讲，还要多和观众互动。
- **10. 不要每天换内容**：直播间每天来的人都是不一样的，我们要讲自己擅长的内容，而且每天重复讲就好了，简单的事情重复做。
- **11. 开播时间要固定**：固定开播时间，方便粉丝找到你，稳定开播时长，数据不会波动太大。
- **12. 每天坚持练习**：练状态 + 开场 + 抛话题 + 讲内容 + 互动 + 控场 + 带货，每天坚持学习，学到的东西要拿回直播间刻意练习，不练是学不会的，要多练，边学边播，边播边学。
- **13. 总结 + 调整**：不断做总结，不断在调整，什么内容留人，就多讲点，讲细点，什么内容留不住粉丝，下回就不讲了。

第118讲 从0~1000如何突破

每个阶段的播法和内容都不同，没有任何一版手稿或话术能一直用下去。

接触经验分享

（1）刷到 ×× 觉得很赚钱，也很容易，于是动心了。

（2）树立正确认知：抖音确实可以赚钱，但并不是想象中那么简单，要学要练。一定要有正确的认知，干抖音是创业，像开店一样要准备、要守店、要坚持、要宣传、要销售。不是买彩票，更不是捡钱。

决定干

（1）做好学习和吃苦的准备，当创业来干。

（2）这阶段很容易被骗，注意捂紧口袋，网上五花八门的课程很多，骗术也很多，其实学习更多的在于自己。好多主播没有买过课程，都是自己摸索学习的。

正确学习

正确的学习方法，跟着官方学，不要盲目买课，选对标账号，去模仿，学 7 ~ 10 天开播，学太久会越学越怕，可以开播后边播边学。

准备工作

不打无准备的战役，做好充分的准备，参考前面的【开播前的六大准备】，做好充分的准备才不会手忙脚乱，而且开播前练习得越熟练，粉丝个位数就会经历得越短。

开启首播

（1）首播是打标签最好的时机。

（2）首播不能讲太复杂的内容，只需要讲讲自己是谁，怎么来的，来干什么的，讲讲自己的故事就行。

（3）不需要把首播想得太可怕，首播只是学习的开始，只是一场普通的直播。

播个位数

（1）仔细看如何突破个位数的知识点，能干什么不能干什么。

（2）多练多试错，反复调整。

（3）多讲故事：①讲你怎么来的；②为什么干抖音；③怎么克服恐播。

（4）讲你首播是成功还是翻车的。

30人

（1）直播画面是否有看点，直播状态要随着故事有起伏，带动观众情绪。

（2）内容方面，可以增加一个你是如何突破个位数的内容，然后再讲如何突破粉丝个位数的经验就有说服力了，这也是你可以抛的价值。

40~60人

（1）你讲话的能力、情绪、状态、画面，应该都很好了。需要提升的只是一点点小技巧了，找一个自己擅长的知识点练习下。

（2）戳痛点、引共鸣、夸方法、给方法，讲任何话题都可以用这四个步骤，先找自己擅长的话题，开始练习，练习如何吊足观众胃口，引起其好奇心。

80~100人

（1）固定几个直播间涨点粉，有意识地去收一些真正的粉丝。

（2）学习布局，调整直播大纲，按照账号的推流节奏来布局，先讲什么，再讲什么，做到环环相扣，层层递进。

（3）不要全程紧绷讲干货，也不要全程只讲故事，语速语调可以时快时慢，时高时低，有节奏感。

300~500人

（1）这个阶段可以开始带货，带货不仅能赚佣金，还能给你账号打上电商属性，有电商属性，流量会更精准。

（2）刚开始带货会“掉人”，是因为带货时干货讲不好，数据做不好，货也卖不好。但是如果你熟练了，数据不差，干货能输出，还能把货卖好，那很快会推到千人。

1000人

恭喜你成为千人大主播了，接下来，会有人开始攻击你、举报你，质疑你。不要理会这些人，因为他们根本不会和你讲理，他们只是蹭流量，你只需要无视就好，也不要影响心情和心态，照常按自己的节奏开播就好。这一切也是每个大主播都要经历的过程，要做好面对这一切的心理准备，你拿到多大的成果，就要承受多大的压力。

第119讲 十大留人方法

十大留人方法

1. 画面留人法

   一个好的直播画面能提升进入率，同时也能留住人，通过背景或者前景制造一些看点，包括服装、场景、妆容等，达到留人效果。

2. 状态留人法

   主播的状态是留人的关键，要积极阳光正能量，没人喜欢老气横秋、死气沉沉的主播，要让自己直播间好玩，有趣，或者有用。

3. 利他留人法

   要有利他思维，让人知道在直播间停留下来有什么好处。

4. 话术留人法

   通过话术技巧，勾住观众的好奇心、探索心、求知欲，从而达到留人效果。

5. 见证留人法

   结果前置，让大家一起来见证能不能达到某个结果，是成功还是翻车，例如：我两分钟能拉到多少人，大家一起来见证一下，看看我能不能做到。

6. 晒成果留人法

   把自己的成果晒出来，拿结果说话，结果最有说服力，大家喜欢跟着有结果的人学习。

7. 同情心留人法

   可以在直播间展示自己的脆弱，引起观众的共鸣。

8. "套近乎"留人法

   人少的直播间可以主动给进来的人先点关注交朋友，新人进来要像老朋友来了一样热情。

9. 内容输出留人法

   有大量的学习资料，有丰富的知识储备，能够让人在你直播间学到东西，有所收获，掌握了这个留人的核心，在直播间全程做知识输出也能留住人。

10. 商业价值留人法

    你在某个方面或者某个领域已经成功了，或者你成功打造过哪些人，帮助过哪些人成功了，你可以在直播间教别人方法。

第120讲 商业定位、人设定位、内容定位

定位要准，干抖音第一步一定是先定位。

定位

- **商业定位**
  - 确定赛道
    - 26个大赛道、125个细分赛道，根据自身情况选择适合自己的赛道。
    - 重点讲经验分享
      - 带货主播 —— 有人设，能转化新人，制造需求才会购买产品，才会产生学习的需求。
      - 干货主播 —— 有人设，有结果，能产生信任，才愿意相信你的分享，才会留下向你学习。
      - 揭秘主播 —— 强大的关系网，强大的心里承受能力。
- **产品定位**
  - 确定自己的变现方式 —— 是收音浪、卖货、做星图广告还是做中视频，先确定自己的变现方式。
  - 确定自己的产品 —— 如果是卖货变现要确定好适合自己卖的产品。
  - 确定自己的客户群体 —— 根据产品分析自己的客户是谁，再去做针对客户群体喜欢看的内容来吸引他们。
- **内容定位**
  - 拍段子
    - 优：有内容、有看点容易上热门，涨粉快。
    - 劣：需要有人接梗，需要多人参与拍摄，要持续有创意。
  - 做口播
    - 优：可以学习知识，快速提升自己，标签也更精准，能引来精准流量。
    - 劣：前期播放量低，短视频难走量；受众群体太窄。
  - 对口型
    - 优：简单容易上手，不需要拍摄和剪辑的功底。
    - 劣：招泛粉，所以作品尽量加文案、标题、关键词。
- **人设定位**
  - 卖货人设的重要性
    - 货带人：大品牌自有IP和流量，换任何人播都可以，粉丝是认品牌不认主播
    - 人带货：粉丝是基于对主播的信任和喜爱才去下单的
  - 什么是人设
    - 可以是身份：宝妈、负债老板、老师、工地小哥。
    - 可以是性格：疯狂、暴躁、幽默、神经质。
    - 可以是记忆点：宠妻、女儿奴、贪吃，或者是某事件的记忆点。
  - 如何打造人设
    - 名字：简单接地气、好记，2~5个字。
    - 头像：清楚的生活照，背景干净清爽。
    - 简介：简单明了介绍自己，突出价值。
    - 作品风格：带娃、生活日常都行。
    - 场景的搭建：厨房、户外或干活的场景。
- **人、货、场**
  - 主播人设和所销售的产品，及整体场景的打造要一致。
  - 人设的打造是一个漫长的过程，是要通过一次次作品和直播慢慢地强化，一件一件小事情的累积慢慢形成；一种观众对于主播的印象，急不来，但在日常直播中要有意识地去打造人设。

第121讲 直播伴侣绿幕直播

一、前期准备

准备一台电脑，因为直播推流对于电脑配置的要求较高，为了流畅运行直播伴侣，我们为您推荐以下配置：

CPU：i5-7600 或更高型号

内存：8G 或以上

显卡：NVIDIA GeForce GTX 1050 或更高型号

材料：安装一块平整、无皱褶、颜色均匀的绿幕布，保证绿幕布光照均匀无阴影，直播间的人和物品需远离绿幕2~3米，主播不可穿绿色或半透明的衣服，不可佩戴或摆放反光的饰品或物品。

账号：确保抖音账号粉丝数超过1000，申请开通直播伴侣权限。

二、软件安装

“直播伴侣”官网：

下载安装完成后，登录抖音账号。

三、登录软件的界面

添加素材：切换到竖屏模式，选择摄像头，将摄像头画面调整为竖屏并铺满屏幕，可通过右键点击旋转、变换、等比例缩放等操作进行调整。

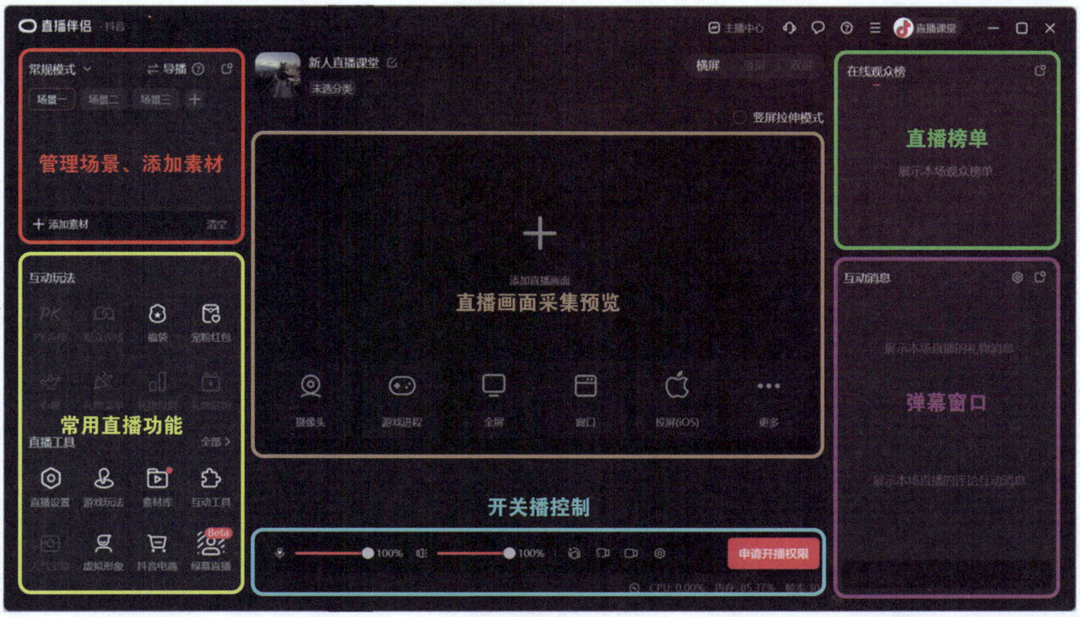

四、绿幕抠图设置

打开摄像头设置，选择绿幕抠图。

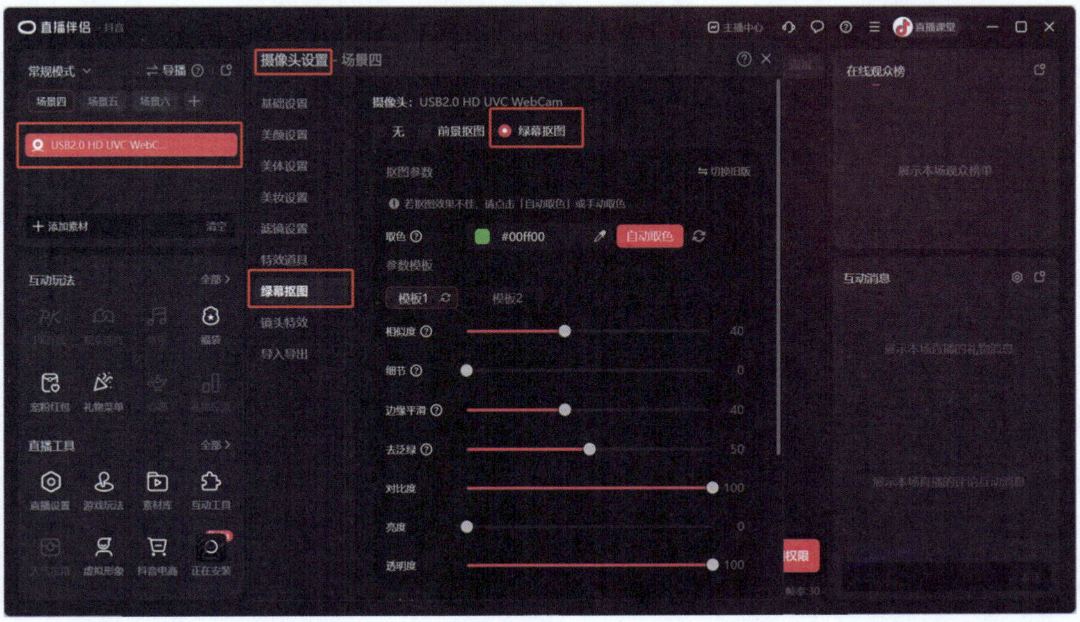

五、背景设置

选择背景模板：点击直播伴侣中的「直播工具」→「素材库」，选择背景模板类型，如绿幕背景、氛围、绿幕场景等。

添加商品信息：点击「抖音电商」选择达人工作台登录。点击「经营」→「直播中控台」→「添加直播商品」。

六、直播前调整

位置与角度：调整主播的位置和角度，确保自己的身体和头部不会被绿幕遮挡，同时要注意摄像头与主播保持水平，避免画面出现畸变。

测试直播：在正式直播前，先进行一次测试，检查绿幕抠图效果、背景显示是否正常，以及画面是否清晰流畅等，确保所有设置无误，画面效果满意。

第19篇
照读话术篇

◎ 首播照读剧本

◎ 直播逐字稿升级版

◎ 直播拉流量公式逐字稿

◎ 直播间带货促单话术

◎ 最新爆款文案

◎ 抖音新规

第122讲 首播照读剧本

开场暖场

音乐：（演员/薛之谦）

欢迎新进来的家人们，欢迎来到××的直播间，主播刚刚开播，刚刚上线，进来的家人可以在我的直播间稍作停留，主播正在预热直播间，每一个主播在刚开播的时候都要第一时间预热自己的直播间，这样咱们的直播热度才能打开，直播间才会源源不断地进人。

（可以先引导大家预热直播间，让大家帮忙点点关注点点赞）

欢迎××进入我的直播间，进来的家人稍作停留。家人们，你们能听到我说话的声音吗？如果能听到，大家在公屏上打个“能”，好不好，感谢家人们的回复。

（引共鸣）欢迎走进我直播间的家人们，有没有想在抖音上创业，想在抖音上赚钱，但是不知道如何迈出第一步的？有的打个“有”！

知道抖音是块大蛋糕，但是不知道怎么去切的，迷茫没有方向的，有没有？想开播又不敢，开了播不知道说什么的，一开播就会紧张尴尬冷场的有没有？有的咱们公屏上打个“有”。看到很多不如自己的主播在抖音上都能收入不菲，但自己却迟迟做不起来，越学越迷茫，越学越纠结，心中十分焦虑的有没有？有的家人在公屏上打个“有”，我们给公屏上打“有”的家人们都相互抱一抱。

（整场穿插）欢迎新进来的家人们，主播是一个新人，今天是我首播的第2天，在我首播当天就是用了现在这样的一个方法，就是这样一个不出镜的形式，让我首播当天就突破了35人在线，并且实现变现。

（晒数据）家人们，如果到现在你依然没有开启直播，恐播的，不敢迈出第一步的，或者你的直播间还在个位数苦苦挣扎、还在亏播的，今天都可以停留在我的直播间听一听我的分享，我相信这一定是最适合咱们新人的方式方法，一定可以让咱们的个位数直播间有所突破，为什么呢？因为我就是离大家最近的主播，就是你们身边千千万万个平凡的新人主播当中的一个，我的起点、我的基础和你们都是一样的。

家人们，如果你们的直播间到现在还没有做起来，或者说你开播了不知道该说什么，今天留下来，在我的直播间听一听，看看我的直播间是怎么做的，看看我们的直播间今天是否能够再次突破35人或者50人，好不好？

新进来的家人们，没给主播点关注的，左上角先点个关注，没有亮灯牌的，去亮一个灯牌。

（戳痛点）家人们，如果说你们不知道怎么喊人，不知道怎么留人，不知道怎么开场暖场，不知道如何突破粉丝个位数，一定要在我的直播间稍作停留，如果你和我以前一样趴过大大小小的直播间，笔记做了一本又一本，学习资料买了一堆又一堆，声卡买了一个又一个，高佣链接拍了一条又一条，然后想开播又不敢播，不开播心里又痒痒的。那么今天一定要停留在我的直播间，因为我是离你最近的主播。

（重复之前的，抛结果）昨天是我的首播，我就是用了这个照读剧本的话术使我的直播间突破到35人在线的，如果你不相信的话，可以停留在我的直播间，我们耳听为虚，眼见为实，因为我是一个新人，如果说你今天亲眼见证我做起来了，那么未来，你也可以把我这个剧本运用到你的直播间，看看能不能把你的直播间也做起来，好不好？觉得好的家人们，咱们公屏上打个“好”！

（整场穿插）家人们，如果你想在抖音创业，不知道如何迈出第一步的，迷茫没有方向的，你可以在我的直播间停留下来，如果你想开播又不敢，开播了不知道该说什么的，一开播就会紧张尴尬冷场的，家人们，一定要在我的直播间听听我的分享，今天我会给大家解决三个问题：

第一，解决咱们恐播不敢播，没有内容可播的问题；

第二，解决咱们粉丝停留在个位数直播间留不住人的问题；

第三，解决如何把留下的人转化收益的问题。

第123讲 直播逐字稿升级版

全程直播核心：实操还原首播前7天如何拉流量，稳定百人直播间。

首播三大步骤：开场拉流量＋三个留人稳人话题＋接急速流量的三个方法。

首播五个核心要点：会开场、会打标签、会稳流量、会叠加流量、会接急速流量。

一、首播第一大步骤

开场暖场拉流量四段话实操，如果你的流量还没起来，这个话术要反复说，全程说，这就是拉流量的实操话术，适合新号首播使用。

1.讲感受（你讲得越真实，留人的效果就越好）

欢迎走进直播间的家人们，大家上午好，今天是我首播的第一天，我人生当中的第一场直播。刚刚打开直播间，刚刚上线。你们有没有和我一样，是一个新人，也想来干直播，但是什么都不会，有的打个“有”。没有想到首播第一天，我直播间来了这么多人，首播第一天，真的好紧张好激动，我做梦也没有想到，像我这么普通的一个新人，也能来干直播。来到我直播间的家人们，你们能不能给我这个新人一个鼓励，帮我打一个“加油”！好不好？谢谢大家。

2.自我介绍（围绕“我是谁”“为什么来开直播”两个话题进行介绍）

我的直播间刚刚开播，刚刚上线，今天是我首播第一天，首先跟大家做一个简短的自我介绍，我叫××，是一个全职在家带娃的普通宝妈，我也是在无意间刷抖音的时候，看到了很多普通宝妈宝爸都来开直播了，于是我也想来试一下。

同时呢，我曾经是开实体店的，生意不太好做，我亏本了，于是就来到抖音平台来创业。我来自××，直播间里有没有的我老乡，你们都是来自什么地方呢？我们可以打出来在公屏上互相认识一下。我来抖音上呢，是做一名经验分享型主播的，也就是给大家去分享我开直播的所有经验，告诉所有的家人们，我们普通老百姓，普通全职宝妈，现在都可以来抖音上开直播，赚生活费了。

你们眼前的这个主播，和大家是一样的，我很普通，我不会唱歌，也不会跳舞，更没有什么才艺，你们有没有和我一样的？也想来抖音平台创业，挣生活费，如果有请大家在公屏上打个“有”。

3.抛价值（告诉大家你是有方式方法的主播，能给大家带来价值）

（引共鸣）欢迎走进直播间的所有朋友们，大家好，今天是我首播的第一天，刚刚打开直播间，刚刚上线。我做梦也没想到，我首播第一天，直播间来了这么多人了。到现在为止我还特别紧张，后背全都湿透了。朋友们，你们知道吗？我之前啊，一直都不敢开播，害怕自己直播间不来人、不进人、留不住人，害怕打开直播间不知道说什么、讲什么，害怕直播间人数是个位数，也害怕我的亲朋好友、七大姑八大姨刷到我，笑话我。你们有没有跟我一样的，如果有，我们打一个“有”。有没有像我一样，蹲了很多直播间，记了很多笔记，录了很多视频，但是依然不敢开播的家人，如果有的话我们打个“有”字。

（抛话题）所以我今天打开直播间是做了充分准备，我不是盲目的来开播的。在开播之前，我学习了半个月。我看到越来越多的普通人都把直播间给做起来了，有的做到了百人，有的做到了千人，有的甚至做到了万人。那是因为抖音平台现在扶持我们普通人来抖音创业，也扶持我们普通人来干直播。

我蹲了三个我非常喜欢的大主播的直播间，蹲了很久，他们上播我上播，他们下播我下播，现在，我终于找到了方向，不再迷茫，我自己整理出了一套适合我们新人的直播大纲，一套开场暖场拉流量的话术，加上三个留人稳人话题，再加上三个叠加流量的方法，没想到今天我首播的第一天，我的开场暖场还没讲完，直播间已经上到这么多人了，我直播间所有的家人们，你们有没有见证，见证的咱们打一个“见证”。

（留下来的理由）所以说，今天所有走进直播间的家人们，如果你和我之前一样，恐播、迷茫、不敢开播，打开直播间不知道说什么、讲什么，蹲了很多直播间，记了很多的笔记，录了很多的视频，但是到现在，依旧没有方向，今天不如给××一个机会，在我的直播间停留下来，把我的首播，当成您的首播。我们与其在大主播直播间听人家的结果，不如你今天留在我的直播间，亲眼去见证一个新主播，是如何从0到1开始的，如果今天我用这个方法把直播间做起来了，大家都是××的见证者。家人们，你们觉得今天××的直播间能不能破××人，如果觉得能打个“能”，如果不能给我打个“加油”，谢谢大家。

4.抛结果（快流量，拿出状态）

欢迎所有走进我直播间的朋友们，大家好，今天是我首播的第一天，没想到我刚刚打开直播间，还不到10分钟，已经上到这么多人了。家人们，你们都有没有见证我的首播？见证的你们打个“见证”。

家人们你们知道吗？刚刚打开直播间的时候，只有两三个人。那么我在直播间里面，就讲的这一段开场暖场接流量的四段话，没有想到直播间人气越涨越高，人数越来越多。

有没有刚刚来到我直播间的新朋友，刚来的打个“刚来”，有没有刚才没听到我是怎么说，我是怎么讲的？需不需要我在直播间再实操演示一遍，需要的我们打个“需要”，我在直播间再实操演示一遍，看看我们直播间还会不会再上人。

二、首播第二大步骤

新人首播快速破百，三个留人稳人话题+打标签来精准接流量。

1.适合个位数直播间的留人稳人的五大核心点

如果你的直播间粉丝是个位数，就按照以下几个点去执行，一边给自己的直播间打标签，一边留人，重要的核心点就是：留人、做数据。

（1）喊名字：××，××，我看到你了。

（2）简短自我介绍：××，××，你好啊，我看到你了，我是一个新主播，今天是我第一天开直播，刚刚上线，刚刚打开直播间。

（3）利他思维，先给别人点个关注：××，××，我看到你了，今天是我第一天开直播，刚刚开播、刚刚上线，××我已经给你点关注了，××我已经关注你了，我们已经是朋友了。

（4）产生互动，抛话题（与他相关的话题）

第一个话题问他：××你也是咱们这个领域的主播吗？你也是一个经验分享型主播吗？你开播了没有？××，你开了直播给我打一波“1”，如果你没有开过直播，给我打一波“没有”。

那么如果今天××给我打了1，××，如果说你是个新主播，还没有开直播的，今天正好是我首播呀，前面我通过两句话留着两个老乡，××你想知道我是怎么去留着我老乡的吗？

如果说这个时候××说，他已经开了直播了，那你就说：“哎，××你啥时候开直播呀？你把开播时间给我打出来，我跟你学习去，我去你直播间，我给你做数据去。”

（5）完成数据。

A.如果××主动亮了灯牌，只要感谢一下就可以了，感谢××的大灯牌，您的大灯牌堪比嘉年华。

B.如果××是个新人，不太会做数据，可以说：“亲爱的，如果说你方便的情况下，能不能给我去点个关注呢？”

2.为什么来抖音开直播？（做解说，留泛流量）

我们普通人，为什么要来抖音开直播呢？是因为现在实体店生意非常不好做，是不是家人们？就比如我做实体就亏本了，也是没有办法，所以来抖音试一试。

你们有没有和我一样是做实体生意的？如果有我们公屏上打一个“有”。我呢，也是在一次机缘巧合之下，刷到一个宝妈的直播间，她说她一场直播三个小时，能够挣四位数，她说她有很多负债，短短几个月，已经还了不少，因为我也有负债，就留在她直播间蹲了很久。

这颠覆了我对抖音直播的认知，在我过去的认知里面，我以为只有长相好看的小哥哥、小姐姐才可以做主播。后来我才知道，原来我们普通人也能做直播，赚钱挣生活费。

我以前以为直播间必须唱歌跳舞表演才艺才行，后来我才知道，原来在直播间里，简单地分享一下自己的经验经历，然后就会有收入了，我觉得这件事我也能干，就这样我开启了我的首播，我人生中的第一场直播。

家人们，你们有没有和我一样的经历，有的话我们公屏上打个“有”。后来我刷到越来越多的普通宝妈、普通宝爸、普通老百姓，在抖音上开直播，听到人家说，每天直播间日入三位数、日入四位数的，我真的是非常羡慕。

于是我也想通过自己的努力，把直播间给干起来，去赚钱，来缓解我现在的生活压力。朋友们，你们知道吗？我来抖音做直播，我的目标就是每天挣个一两百块就很满足了。家人们，你们不要笑话我，我当时就是这么想的。

家人们，你们来到抖音平台做直播，目标是挣多少钱？我们打出来好不好？我是一天挣200，我就很满足了，那时候我就在想，如果说我一天挣200，一个月就是6000，比我们这个城市白领的工资还高，我还可以兼职，一边上班一边开播，于是我就鼓足了勇气，来开启了我的首播。

3.新人克服恐播的三个方法（留精准，稳流量）

第二个话题，克服恐播的技巧。前面我说了，咱们是新人，来咱们直播间的要么是新人，要么是比咱们还要新的新人，我们都存在一个问题，害怕开直播、恐播，害怕自己直播间不来人，不进人，留不住人，害怕自己开了首播，在直播间不知道说什么，不知道讲什么。朋友们，有没有这种想法的，如果有，打个“有”字。那么这个话题就可以抛出去聊啊，我首播那天就是这么聊的。我说，朋友们，你们知道吗？我开播之前特别恐播，迷茫，不敢播，怕我直播间不来人、不进人，不知道在直播间说啥、讲啥，到现在我还紧张呢，不知道大家有没有和我一样的，如果有打个“有”字。

如果说有，我给大家分享一下如何以一种聊天的方式去克服恐播。等下我讲完这个话题，我跟大家去分享如何去接极速流量，就是你聊着聊着直播间突破了50个人、100个人，我该怎么把这50个人、100个人留在我直播间，这个很重要，这可以让你在直播间不尴尬，不冷场、不怯场，有话可说。当我们把人留在直播间后，抖音还会给我们推人，那么我们该如何去接住这拨人，这就需要技巧了，这个技巧你如果能掌握得好，那么你的首播就不会差，不能说做到百人千人，起码突破个位数，做几十人直播间还是可以的。

所以我们得去聊，不去聊不去说话，直播间就没有人，因为门外有人看到我们不说话，就知道咱们是个位数直播间，更不想进来了。所以第二个话题就是以聊天的方式去分享，你也恐播，但是你克服了恐播，你去跟别人分享一下你是如何克服恐播的，这个话题大家会不会聊，你怎么克服的你就怎么去讲，就这么简单。大家会不会聊，会打个“会”，不会打个“不会”，我克服恐播当时是聊了三个技巧，来，家人们，为什么今天××能够站在这个地方，能勇敢地开启我的首播，是因为我通过三个技巧克服了我自己的恐惧。我们想要克服恐播，首先得知道自己为什么恐播，我们找到自己恐播的原因之后，再去克服恐惧，了解恐惧，我们才能战胜恐惧。

（先铺垫话题）

我想请问下直播间的××个家人，有没有想要开直播，但是你不敢开播，恐播的？害怕自己直播间不来人、不进人、留不住人，不知道打开直

播，恐播的？害怕自己直播间不来人、不进人、留不住人，不知道打开直播间说什么讲什么的？如果有的话，咱们打一个“有”，好不好？

我相信现在很多家人可能和××是一样的，我曾经也不敢开启我的首播。那么其中一个真正的原因，不是因为我放不下面子，不是因为我觉得人家会笑话我，我觉得我为了孩子、为了家庭，能放下面子。

那么，我之前不敢开播的真正原因是什么呢？就是因为我打开直播间之后，不知道在直播间里说什么、讲什么，是不是家人们？

我们打开直播间说啥呀？我感觉也太尴尬了，你说一场直播两三个小时，我真的想开播，我也想通过开直播去挣钱。但是我说啥讲啥呀？你们有没有跟××一样的家人？如果有的话，咱们打一个“有”好不好。

那么今天××为什么能够站在这个地方，勇敢地去开启我的直播呢？就是因为我找到了克服恐播的三个小方法，大家想不想听呀？如果想听的话呢，我给大家去分享一下，好不好？我给大家分享一下新人克服恐播的三个方法，希望大家听了这个方法之后呢，也能勇敢地去开启你的首播，好不好？来，听好了家人们。

第一个克服恐播的方法：写出属于自己的直播大纲和脚本

刚才我说了，我恐播的真正原因是，不知道在直播间说什么讲什么，后来我通过一个正确的方法，写出了属于自己的直播大纲。

咱们直播间的家人们，你们有没有蹲直播间越蹲越迷茫的，越蹲越没有方向，越蹲越恐播，越蹲越没有感觉的？有的话，你们打一个“有”。

如果说，你和曾经的我是一样的，你现在蹲直播间蹲迷茫了，给自己蹲恐播了，我来告诉你家人们，咱们如何正确地、有效地去蹲直播间，让你找到方向，让你找到思路，好不好？

为什么我知道大家会有这种情况呢？因为我也是这样经历过来的。那么后来我是如何从这种迷茫、困惑中走出来的呢？今天我就要告诉大家，你们听好了，咱们蹲直播间啊，千万千万不要蹲太多，明白吗？你蹲得越多，越迷茫。

你们最多蹲三个直播间就足够了，大家每个人把“三”打出来好不好？这些都是××的真心话，是我曾经走过的弯路。

我想跟大家说一句话，直播间的方法没有对错之分，也没有好坏之分，那我们要看什么呢？

你要去看这个直播间的话术，以及方式方法，是不是适合自己。来，每个人把“适合”两个字打出来，好不好？直播间没有对错、好坏之分，只有这个直播的话术风格是否适合你，适合你就可以去学习。

大家记住，大主播的直播间里，分享的方式方法以及他的话术，不一定适合我们新人，你直接拿来用，会觉得不适合。所以你去选择适合自己的直播间，最多选三个去蹲，不要蹲太多了。

第一个，这个主播他在直播间里面讲的话，他讲的内容，必须是我能听懂的，是我能学会的，是我能够接受的，对不对？

第二个，他的直播思路是清晰的，是有条理的，并且他的一些理念也是我认同的。

第三个，就是他的直播风格，是我将来要走的那条路线的，比如这个主播他是安静型的，对不对？他直播间的风格也是我能模仿的。

好，如果满足以上三个点的话，这就是适合我们的直播间，家人们能理解吗？咱们去选直播间的时候，怎么选择呢？去选择满足以上三个条件的，第一个直播间里面你认同他，第二个他说话你能听得懂、学得会。然后第三个，你觉得他直播的风格是你能模仿的，他的风格适合你。

好，选择三个这样的直播间，那我们要蹲多久呢？我认为是，蹲七天，不要超过七天。如果说你很聪明，悟性也比较高，蹲个三天或者四天也行，不需要蹲太久，因为每个主播在直播间里的所有话术，每天都是一样的。就是一套话术反复说。

那我们该怎么去蹲呢？比如说我选了三个主播，第一个主播早上开直播，就去全场蹲这个主播的直播间；第二个主播下午开直播，去蹲全场；第三个主播晚上开直播，去蹲全场。而这七天之中，这三个主播的所有内容、所有精华、所有直播流程你是不是完全都能学到了，七天之后，来，这三个主播的直播内容我全听完了，那么我听了七天之后，我们要做什么？

我们要做总结，去结合你自己的理解，自己去写直播大纲，自己去写直播脚本，然后你就可以把别人的内容变成自己的内容了。

如果说你蹲了太多的直播间，这个主播这样说，那个主播那样说，我到底要听哪个呀？对不对？你自己都迷茫了，可能觉得谁说的都对，谁说的都好，为啥呢？因为人家把直播干起来了，是不是？

所以说，家人们，还是那句话，直播间的方法没有对错之分，也没有好坏之分，直播间的方法和话术，只有是否适合你，家人们，大家把“适合”两个字打在公屏上面。

第二个克服恐播的方法：小号试播。

家人们，如果你们跟我一样恐播、迷茫、不敢开播，打开直播间不知道说什么、讲什么，你学了很久了，然后还是恐播，就是不敢面对镜头，你也知道开直播能挣钱，但是就是不敢面对镜头，家人们，有没有？如果有的，咱们打个“有”字。

家人们，你与其现在每天蹲各大主播的直播间，去学成功的方法，去学成功的经验，不如自己拿一个小号，去播一播，去试一试。

大家知不知道抖音有十天的免费流量扶持啊。我这个账号能播起来，不是因为我讲得有多好，是因为我拿到了官方的免费流量扶持，所以大家都已经准备好了，你的直播大纲话术也准备好了。你如果不去做试播，首播当天说不好讲不好，那么这个时候呢，我们就有可能错过了这十天的免费流量扶持，错过“起飞”的机会，我们做好完全的准备再去开首播，才容易成功。（接下来讲如何试播）

第一个，熟悉直播间的各项功能按钮，什么地方上播，什么地方下播，什么地方发红包福袋，什么地方设管理拉黑，都要熟悉一下。

第二个，测试硬件设备，声卡有没有声音，网络卡不卡。

第三个，练习直播间的镜头感，我们作为一个主播，我们的眼睛要看着屏幕，并且要非常自信，这样的话你的自信就能留住人，你说你们镜头感需不需要练习？如果你不去练习，一来到直播间，一头蒙，那你到底要看哪儿呢？一会儿这个地方瞅瞅，一会儿那个地方瞅瞅，惊慌失措，语无伦次，不停欢迎，不停感谢，就不会说别的了，是不是朋友们？我们要给自己做有效试播，去练习咱们在直播间的镜头感。

第四个，练习自己直播间来人、喊人的能力。

第五个，设计首播大纲。首播第一天，我要说什么，首播当天，我要讲什么，我现在就把试播直播间当成是我的首播直播间，这样直接去练习就行了。

第三个克服恐播的方法：建立自信心态。

来，宝贝们，我刚刚来到抖音平台的时候，有一个特别流行的文案，我不知道你们有没有刷到过？

不知道是谁写的，但写得特别好。（互动）他是这样写的，当你害怕直播的时候，当你不敢面对镜头的时候，当你觉得自己坚持不下去的时候，就去看看你自己银行卡的余额，看看我们自己输在起跑线上的孩子以及我们年迈的父母。

我觉得这个文案写得挺好的，所有今天能够停留在××直播间的家人，其实我们的初衷都是一样的，是不是？

我们都是想来抖音创业的，我们都是想来抖音追梦的，我们都希望能够通过自己的努力，给自己的孩子、自己的父母提供更好的物质生活，是还是不是家人们？

4.做抖音的好处（输出价值，有内容）

（1）流量大

现在抖音平台日活用户有6亿~8亿，身边男女老少都在刷抖音，大家都不看电视都来刷抖音了，但是大部分人都是在刷着玩，只有极少数人知道普通人可以在抖音开直播创业，现在抖音平台已经从娱乐平台慢慢转向电商平台，即将到来的是一个全民带货的时代、播商的时代。我跟大家一样，一直在看热闹，但今天我参与进来了，大家既然看懂了这个风口，看懂了这个趋势，就应该赶紧参与进来。

（2）门槛低

家人们，我们在线下找工作时，无论多小的公司，都得看我们的学历和工作经验，我这个类型的经验分享主播，不需要颜值、不需要才艺、不需要唱歌跳舞、不需要学历背景，只要你年满18岁，手里有一个抖音号、有一个身份证可以实名认证，就可以来开播挣钱了。

（3）成本低

家人们，我们在线下创业，哪怕你要开个小小的奶茶店或者摆一个美食的摊位，是不是都得投资店铺摊位租金、进货囤货、人工水电，至少都得投资上万元钱吧？但抖音平台不用，免费学习、免费开播，不用投资。播起来了我们就翻身逆袭了，没播起来大不了接着上班，丝毫不影响我们正常生活工作，不会让我们血本无归或者负债。

（4）自由灵活

无论你身在何处，无论你身兼何职，不管你是上班的、开店的，还是跟我一样在家里带孩子的，每天只要能抽出两个小时来开直播就行，抖音24小时不打烊。

三、首播第三大步骤

新人起飞，迎接急速流量的“3个方法＋1个动作＋实操话术”演练。

1.见证法

天呀，我的直播间又上人了，大家有没有见证？见证的打一个“见证”。欢迎所有走进我直播间的朋友们，今天是我的首播，首播的第一天，刚刚打开直播间30分钟。

家人们，你们知道吗？我的直播间刚刚开播的时候，其实只有三五个人在线，现在直播间已经上到××个人在线了，大家有没有见证，来，见证的打一个“见证”。

刚刚打开直播间的时候呢，我在直播间没有讲干货，我就开始讲我的首播大纲，一个开场暖场加上3个留人话题，我就发现直播间人数越讲越高，10个人、20个人、30个人……大家觉得今天我的首播直播间能不能突破50个人？大家觉得能的打一个“能”，不能的打一个“加油”！

2.憋停留

家人们，你们知道吗？我在开直播之前，特别焦虑，特别迷茫，特别恐播，你们有没有和我一样的，如果有的话，打个“有”。我学会了这个方法之后，找到了思路和方向，首播第一天就突破了50个人。

我打开直播间，分享了我的开场暖场，加上三个留人话题，没想到我直播间的人气越讲越高，越讲人越多。

家人们，这个方法实在是太好用了，直播间的朋友们，有没有首播筹备中的、恐播迷茫不敢开播的，开了播不知道说什么讲什么的，直播间依然是个位数的，有没有？如果有的话，你们打一个“有”。

3.给方法

来，今天所有来到我直播间的家人们，你们留下来，听听我的方法，现在我就给大家分享一下，我在首播第一天，到底如何利用一个开场暖场加上三个留人稳人话题，把我直播间的人数越讲越多的。大家看到没有？直播间现在还在上人，来，见证的我们打一个“见证”，刚来的打一个“刚来”，没有听到的，一会儿我在直播间给大家再分享一遍。

一个动作：发福袋

A. 100人以下，全民福袋，10抖币3个人，口令：首播第一天这么多人啊；

B. 100人以上，全民福袋，10抖币10个人，口令：首播第一天这么多人啊。

再次重复去演练

A. 首播开场拉流量4句话；

B. 首播破百3个留人稳人话题。

以上这两个内容，又返回到首播全流程三大步骤的前两个步骤，可以再次展开给大家去分享，一边稳人，一边再次拉流量，直播间就是练习好一套话术，然后反复说。

第124讲 直播拉流量公式逐字稿

拉流量公式：抛结果＋讲剧本＋做数据

我问一下你们有没有想要开播但不敢开播的，打开直播间不知道说什么、讲什么的，面对镜头会紧张、会尴尬的。来，咱们有的打个“有”，好不好？如果说有的话，你们看一下我这样的直播方式简不简单，来，觉得简单的打个简单，你们知道吗？就在昨天我首播第一天，就是用这么一个照读的剧本，把我的直播间做到30人在线，并且还成功实现变现。你们想不想学我这样的直播间，来，想学的，打个“想”字。

一、抛结果

欢迎新进来的家人们，你们知道吗？这个账号就是我的新账号，今天是我首播的第二天，你们知道吗？昨天我首播第一天就是用了这么一个不露脸的照读方式，让我的直播间成为当天突破30人在线的直播间，并且成功实现变现。

二、转换泛流量话术

有没有跟我一样是一个在家带娃的宝妈，或者是普通的上班族，想要给家里面多一份收入的，想要跟我一样的。你们知道吗？我就是一个在家带娃的宝妈，就是通过这么一个不露脸的剧本，每天在直播间播两个小时或三个小时。

三、讲照读剧本（照着读的前提是先抛一个结果）

家人们，你们看我这样的直播方式简不简单？来，简单的咱们打个“简单”。就是这么轻轻松松地照着读，照着讲，照着念。有没有想要去开播但不敢开播的，开了直播不知道说什么讲什么的。有的打个“有”字，是不是家人们？来，欢迎新进来的家人们，随便打开一页都能直接念，是不是？

四、做数据

来，家人们听好了，如果说你们今天也想要我这个剧本的，有没有想要这个剧本的？有的打个“有”字，好不好？想要我这个剧本的，今天咱们来到我的直播间，人人都有份，都能带走，好不好？为啥？因为今天主播说了，今天就是我首播的第二天，为了感恩大家今天在我首播第二天来支持我。

那么咱们今天人人都有啊，大家想不想要我这195章的合订纸质版的资料，拿到你的直播间照着读，照着讲，照着念。

一共195章的合订版纸质资料，300多页，看到了没有？来，看到打个“看到”。家人们，咱们做抖音的必备教材，一共300多页，今天想要的看好了啊，我来告诉大家怎么领取。先给主播点个关注，然后我头像旁边的小黄心给它点开。来，亮一个粉丝大灯牌儿！

这里有粉丝群三个字，家人们申请加入到粉丝群，等着主播下播之后，今天就会免费送给大家了，好不好？申请进了的回来打个“进了”。

第125讲 直播间带货促单话术

（1）家人们，你看这么多朋友都是因为这个资料停留在我直播间的，那同样的，你们花××把这个资料带回家，把它拿到你的直播间去用，今天你们因为它留在了我的直播间，同样，别人也会因为它留在你的直播间。

（2）你们拍了的家人们去点个小关注，不然你们就找不到我了。你们拍了的要来我直播间学，看看我是怎么读这个话术的，两天就能学会，你也可以像我这样去开播，好不好？你们看我的直播间有多少人在线，你们是因为我这个照读剧本的画面而停留在我直播间的对不对？这个就叫作画面留人。朋友们，它不仅是我直播间的内容，还是我小黄车里的产品，感谢抖音平台给咱们普通人这么好的机会。家人们，如果说你们今天是一名宝妈或者是一个上班族，平时时间比较多的，你们一定要来开直播，好不好，我鼓励大家来开播，我当时就是想说试一下，也没想到能成功。

（3）之前我也不敢面对镜头，在直播间也不知道说什么。来我直播间的朋友们有没有是做实体店的，如果说有做实体店的，是不是要投资个几万，甚至几十万啊，尤其现在实体店也不是很好做，对不对？但是在抖音平台，你今天来开直播，做一个带货主播，就不用投资那么大，你只需要一份资料、一个支架、一个补光灯，天气热再用一个散热器，就可以来开播了，声卡都可以不用，我也是没有用声卡的，我当时也是就抱着试一试的态度，我就来试一下。如果说，拿到结果我就逆袭了，拿不到结果也没啥损失，就当学习抖音了。有没有跟我有同样想法的朋友？有的可以打个“有”。

卖领夹麦话术

你们现在听到的声音就是我用了小黄车里×号链接领夹麦的效果，我的音量和音质你们听着还行吗？这个东西很关键，直播间里有噪声是留不住人的，领夹麦起到了收音降噪保护嗓子的效果，比如咱们家里空调的噪声、风扇的声音，孩子哭闹，开门关门的声音，户外开播风声雨声车流声，把这些噪声过滤掉了，只把我们说话的声音收进来，而且还给我们提高了音量和音质，拍了领夹麦也可以跟着我学习，也可以拿到我的话术资料和陪跑。

领夹麦的这一头插在手机上，另一头夹在领子上，一插一夹直接用就可以了，不用设置，也不用调试，特别简单、特别方便，可以一边直播，一边给手机充电。家人们，这款本来是没有耳机的，今天在我直播间拍了，给大家申请了一个耳机，相当于一个耳返，是可以听到我们自己说话的，这一个耳机买也要40多元钱，今天能拍的都有配耳机，数量不多，拼手速，我们下播，只需要给这个盒子充电就行，这个盒子就是充电仓，从盒子到领夹麦全部是磨砂质感的，很漂亮，还有一个混响模式（演示一下），可以唱歌用，这是其他领夹麦没有的，现在价格很实惠，大家拼手速去拍，平常在直播间一拖一的是178元，一拖二两个麦克风的是238元。

今天给到大家一拖一148元是我同款，需要两个人去拉流量的可以去拍一拖二的，平常也要238元，今天给到大家188元。

不给大家整一些虚的，便宜几百几百的，就实打实便宜个几十块钱，我觉得很好了，添点都可以买个散热器了，今天拍的截图保留时间，不是每天都有耳机的，一拖一的配一个耳机，一拖二的配两个耳机，够意思了吧，大家认准××大品牌。

散热器话术

你们有没有散热器呀？夏天了，有没有发现直播和打游戏一样，手机高速运转，很容易发热，一发热就会卡顿，一卡顿就会掉人，人掉了再拉起来就会很难。前几天我直播的时候手机卡了，点哪儿都不好使，就连下播都下不了，最后只能强制关机下播，然后再开机，再打开直播间，发现人没了。（演示使用方法）这是新款，两挡可调节，室内可用一挡，室外可用二挡，散热面积非常大。如果你们自己用，拍一个就可以了，如果想拿在直播间展示就要多拍一个，手机上那个我是不敢动啊，不敢拿下来的，手机热得很快，热就卡顿，拍了散热器的家人们也可以跟着主播学习，也可以拿到我的话术资料。

声卡话术

声卡和领夹麦的二选一就可以了，两个都有降噪收声的效果，但是我觉得领夹麦的降噪效果比声卡更好一些，但是声卡多了音效，可以在直播间互动，大笑的声音，可以塑造直播间的氛围，还可以放伴奏音乐。我喜欢安静，我不喜欢太吵，所以我用的是领夹麦，你们喜欢活泼氛围的也可以选择声卡，根据自己喜好选择就行。

充电宝话术

家里离插座比较远，充电不方便的，可以去拍个充电宝，2W毫安的，可以带上飞机和高铁，生活和工作中都可以用。看一下，它的外观是镜面的，非常有科技感且时尚漂亮，还有10个LED灯，不仅好看，还能当个补光灯，它有5个输出孔，3个输入孔，还新加了1个新款苹果的小孔，很多充电宝都是没有的，还有两个红色的是快充孔，户外直播的一些大主播都在用这款，因为它容量大，比较耐用。拍了充电宝的家人们也可以跟着我学习，也可以拿到我全部的话术资料，平常这种怎么也要168、178元吧！今天给大家申请了几单，到手138元，拼手速去拍，拍完就会变成168元了。

支架话术

家里桌子够大的话，就去拍××号链接××号这款桌面支架，跟我的同款，因为我家桌子就比较大。如果说你们家里的桌子比较小，就去拍××号链接里的××号，落地款的支架，放在地上的。根据自己家桌子选适合自己的就行，拍了支架也可以跟着主播学习，也可以拿到我的话术资料、课程和陪跑。

无线Wi-Fi话术

给大家说说网络的问题，如果你们家的Wi-Fi在客厅，那么你在卧室直播是不可以的；如果说你家Wi-Fi在客厅，那么你正好在客厅直播，那就没问题。咱们来开直播，一定要保证家里的网络信号好，不然的话直播间就会卡，一卡就留不住人，人都留不住还怎么播呀？对不对？我给大家看一下我自己正在用的这个无线Wi-Fi，小小的彩屏，上面显示电量、信号强弱、用了多少流量、还剩多少流量，每个月1500GB的流量，我每个月根本就用不完，家里的电视、电脑、音响，只要是能联网的家电都可以用，背面有账号和密码，连上直接用就可以了，非常方便。出门也可以用，直接放在兜里，走到哪儿带到哪儿就可以。户外直播也可以用，就算是在出租屋，不用再去迁网线，不用再去买路由器、光猫了，也不用弄得家里一堆堆的网线，看着就烦，是不是呀？一个小小的的无线Wi-Fi就够用了，拍了无线Wi-Fi的也可以跟着我学习，也可以拿到我的话术资料。

第126讲 最新爆款文案

（1）想得再多不行动，都是枉然的。永远不要嘲笑那些还没成功却仍在努力的人，一个人的潜力是无限的，坚持总会成功的。

（2）我坚信现在做过的努力或许不会立竿见影，但总归有一天是会有所得的。这也是我说服自己不要松懈、放纵的理由！

（3）人生是很累，你现在不累，以后会更累；人生是很苦，你现在不苦，以后会更苦。唯累过方得闲，唯苦过方知甜。

（4）现实会告诉你，不努力就会被生活压垮，无须找什么借口，一无所有就是拼搏的理由。

（5）人与人之间最大的吸引力不是你的容貌，不是你的财富，而是你传递给对方的踏实和温暖、真诚和善良。

（6）发自己的光就好，不要吹灭别人的灯！宁可做拼搏的失败者，也不做安于现状的平凡人。

（7）与其告诉我别人在背后怎么说我，我倒很想听一听，你替我说了什么？

（8）既然是生活，就免不了酸甜苦辣，既然是人生，就免不了人情冷暖，别总感叹，余生没有那么长，忠于自己善良的那颗心就好。

（9）置身事外谁都能心平气和，身处其中谁还能淡定从容，不要轻易评论别人，因为你不在其中，珍惜懂你的人。

（10）脾气人人都有，拿出来是本能，压下去是本事。我对你好，只是我愿意，不是我应该，不管什么时候都别忘了善良！

第127讲 抖音新规

2025年2月17日起，抖音电商作者直播带货的要求调整，粉丝要求从粉丝数大于等于1000，调整为有效粉丝数大于等于200。

一、有效粉丝定义

有效粉丝是指创作者通过持续发布符合平台要求的优质内容，所带来的真实关注粉丝。因主页看到的粉丝可能包含了各个场景渠道的粉丝来源，可能会出现比有效粉丝多的情况。

二、调整具体内容

抖音个人号需满足以下要求，才可生效直播添品功能，通过直播带货：

有效粉丝数达到200；

账号近3个月无违规记录＋已实名且年龄不小于18周岁。

调整后不同权限对应的开通条件为：

电商权限	个人号开通条件	企业号开通条件	具体含义
橱窗带货	橱窗添品：暂无	暂无	可在商品橱窗中添加商品
	个人主页及评论区展示橱窗：有效粉丝数≥500		橱窗在个人页和评论区可见
视频带货	1.有效粉丝数≥500 2.缴纳50元作者保证金（逐步生效中）	粉丝数≥1000	视频发布时可添加商品/橱窗/店铺等标签
图文带货	1.有效粉丝数≥1000 2.缴纳50元作者保证金（逐步生效中）	粉丝数≥1000	图文发布时可添加商品/橱窗/店铺等标签
直播带货	有效粉丝数≥200	粉丝数≥1000	可在直播间添加商品

三、调整人群范围

抖音个人号：即绑定的抖音账号的认证主体为自然人个人的。

注册抖音是自然人身份，但入驻抖音电商时填写了企业资质，该类账号仍是抖音个人号，需符合有效粉丝数大于等于200的要求。

四、如何查看有效粉丝数

路径一：从抖音创作者中心进入查看。

抖音→我→点击右上角三条横杠→进入「抖音创作者中心」→点击右上角的「设置」→点击「经营类组件使用要求」→查看「有效粉丝数」。

路径二：从达人电商带货平台进入查看。

抖音→我→电商带货→点击「全部工具」→下滑到「账号管理→权限与账户」→查看带货权限。

五、如何提升有效粉丝

内容质量高、呈现效果好、更新频率稳定的原创作品更有助于提升有效粉丝数。

第20篇
首播能力篇

- ◎ 抖音推流机制图
- ◎ 如何锻炼直播能力
- ◎ 解析直播“专业名词”
- ◎ 如何突破个位数
- ◎ 如何布局一场完整的直播
- ◎ 拉流量、接流量、稳流量、做数据

第128讲 抖音推流机制图

1 抖音短视频算法倒三角流量池

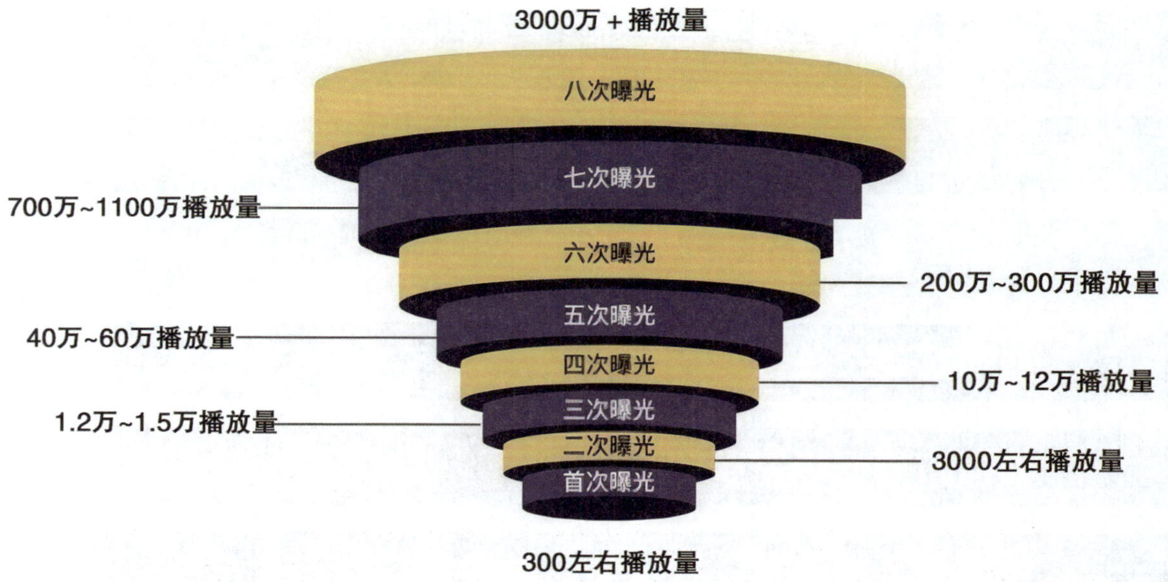

2 抖音直播间流量池等级

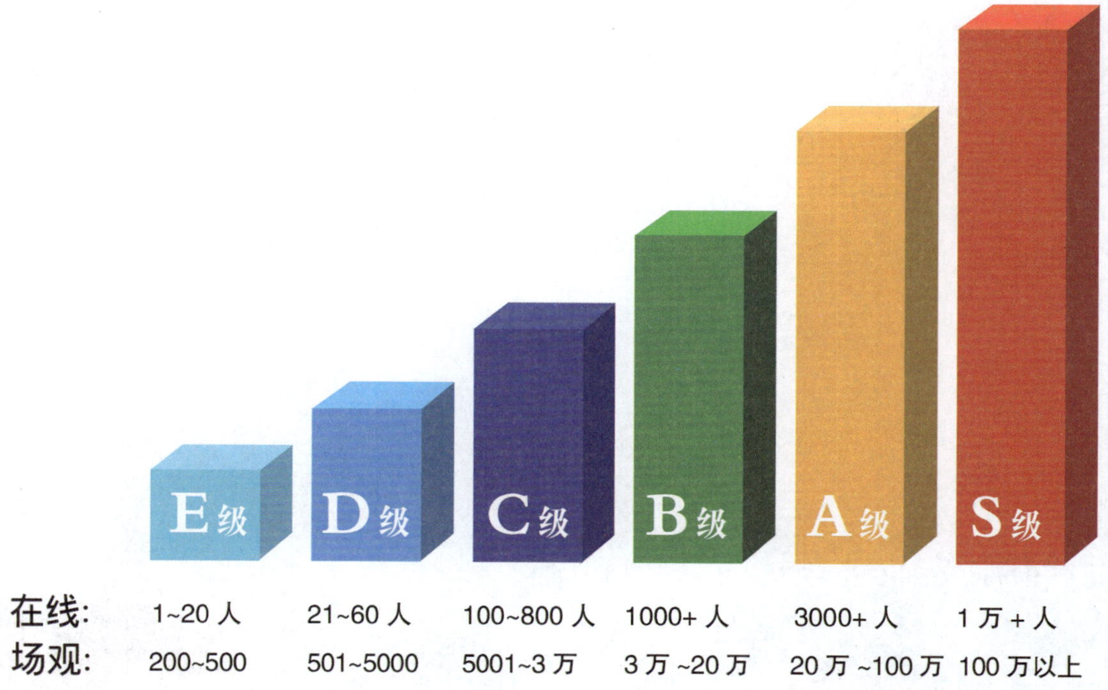

3 抖音的三大考核五大数据

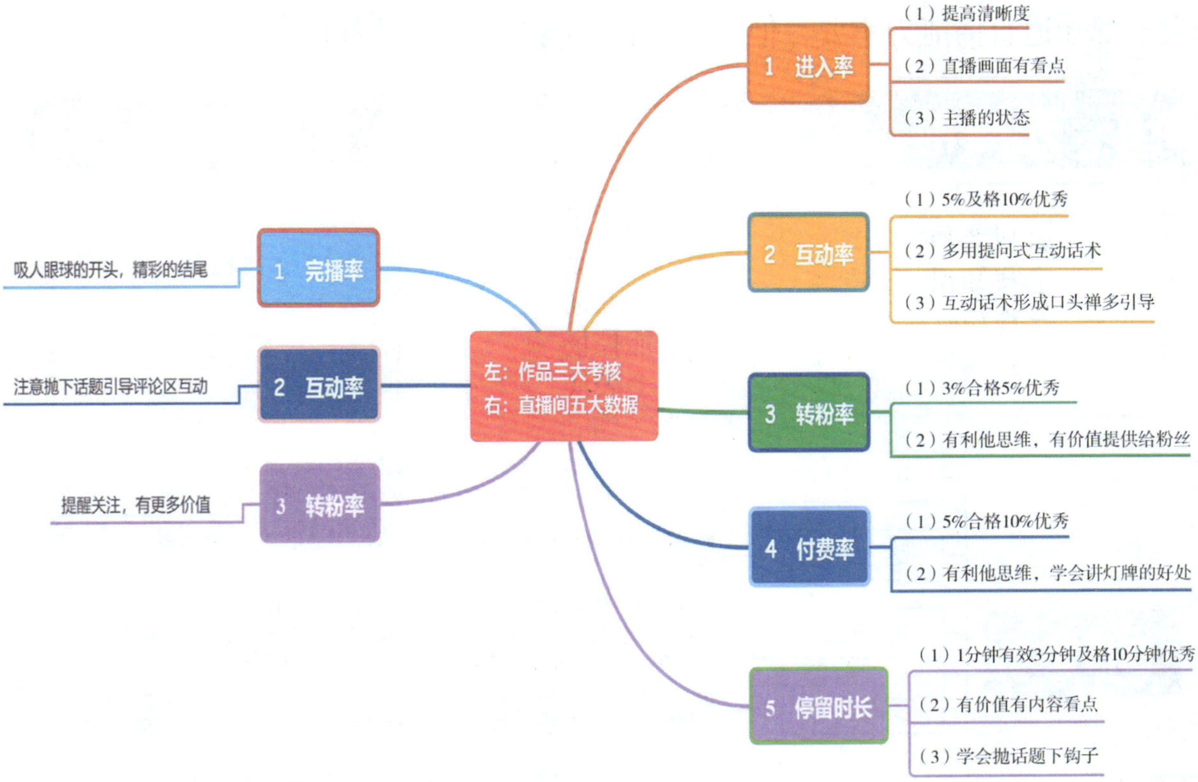

4 抖音发作品的推荐流程

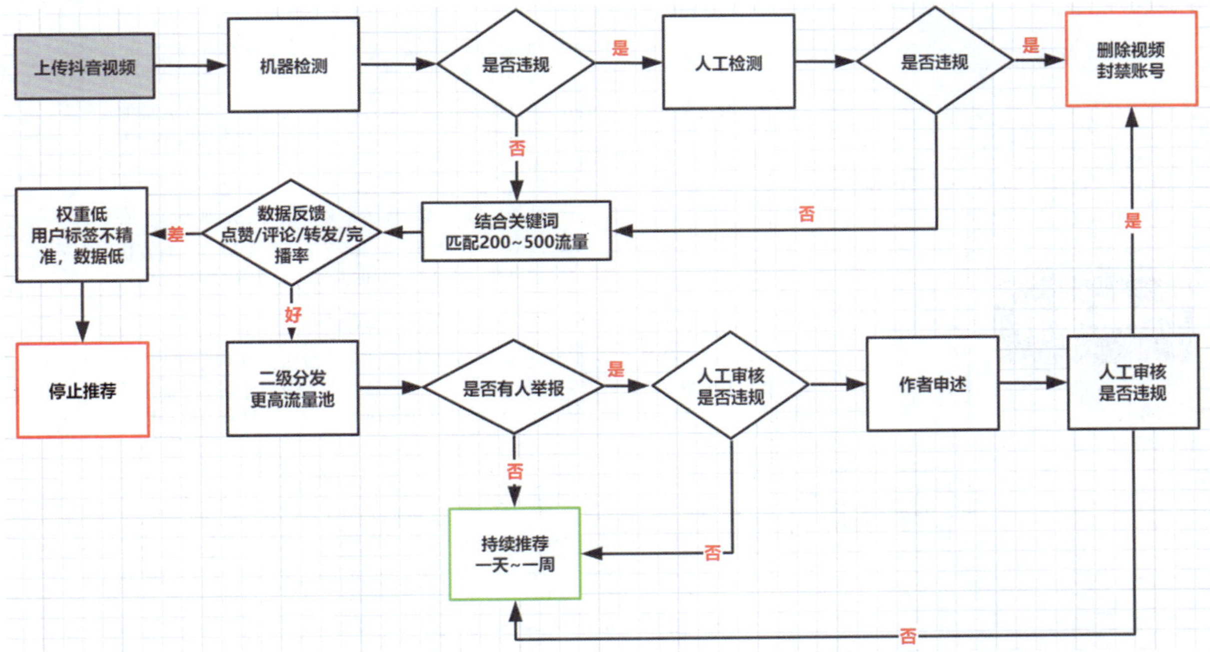

第129讲 如何锻炼直播能力

大家都知道直播能力重要，但不知道直播能力是什么，如何提升。

开播前	开播中	下播后
会找老师 会找知识 会涨粉丝 会找场景	练话术 练播感 会互动 能控场 会表演	会复盘 会总结 会调整

直播能力

- 镜头表现力
  - 必须放松，要找到一种松弛感，你越放松观众越能停留。
  - 必须自信，作为一个知识类主播，你自信了，别人才能相信你。
- 话述表达力
  - 面对镜头能轻松自如地表达自己的观点，这点必须靠多播多练，熟能生巧，没有捷径。
- 控场能力
  - 眼观六路，耳听八方，眼睛要快，嘴巴要甜，来人了及时欢迎，公屏没有互动，没有点赞了，及时提问互动，收到礼物了要感谢，及时提醒点关注亮灯牌，上人了及时自我介绍，掉人了马上调整话题。
- 反应能力
  - 每一场直播都是现场直播，各种状况都会发生，发生任何事情都不要慌，先抛话题再处理问题。需要强大的知识储备，也需要一点点情商。
- 学习能力
  - 做抖音要善于学习和模仿，所以，学习能力要强，悟性要强，会学的不用花钱就能学会，没有悟性的花钱也白花。
- 表演能力
  - 直播是一场以互动为基础的秀场，要带一点表演成分在里面，本身抖音就是一个娱乐平台，大家来就是图开心，受欢迎的还是搞新奇搞笑的，做好直播要学会一点点表演。

恐播原因

- 开播前
  - 怕熟人笑话
    - 问自己两个问题：真正的朋友会笑话你吗？笑话你的是朋友吗？
    - 干直播丢人吗？不丢人！一线明星很多干直播的，企业家也很多干直播的。不偷不抢靠劳动吃饭不丢人。
    - 实在怕可以拉黑熟人。
  - 怕没话题讲
    - 准备一份自己的直播大纲，就有了定海神针，有了底气。
    - 准备一段首播话述，写自己真实的故事，有真情实感更能打动人，可以参考前面讲过的适合新人讲的话题。
- 开播后
  - 怕熟人笑话自己的粉丝只有个位数
    - 真朋友不会笑你，笑你的不是朋友。
    - 他自己不懂，他自己还不敢播，他不明白普通人开播刚开始个位数是常态，每个大主播都是从小主播干起来的，每棵大树都是从小树苗长起来的，只要自己不尴尬就好了，不要理会别人。
  - 怕粉丝一直待在直播间，话题反复讲不好
    - 直播间的人是流水线般进进出出，刚进来的人根本不知道你讲了几次，我们要做好的是拿出最好的状态讲好每一次。
    - 粉丝根本不在乎你讲的啥，粉丝只在乎你右上角的人数。
    - 有些人他真就觉得你讲得好没听够，人家愿意多听几遍。
  - 怕掉人也怕上人
    - 掉人是正常，人数波动起伏是正常，实在太怕就不要看人数。

第130讲 解析直播“专业名词”

可能大家都被这些专业名词整蒙了，听不懂，但是懂了之后会发现这是必学的精华。

名词

- **晒结果**：把自己在抖音上拿到的成绩讲出来，因为人都喜欢跟有结果的人学习，你赚了多少钱，或者带出了多少个徒弟，或者在某一个知识点上取得了特别优秀的成绩都是可以晒的。
- **抛话题**：讲出你接下来要聊的话题，可以直接抛，可以通过提问式抛，也可以通过讲一段经历引出来。
- **戳痛点**：关于某个话题受众群体所面临的困境，比如：恐播人群就是怕人笑，怕没话讲怕尴尬，在抛话题之前把这个困境挑明说出来，就叫戳痛点。
- **引共鸣**：想办法让观众有种感同深受的感觉，产生情绪共鸣，其实你知道他正在经历什么，可以通过讲自己故事的形式讲出来。
- **抛价值**：告诉观众你能给他什么。比如：能教他什么，能给他什么，能在这里学到什么，得到什么，收获什么，直接说出来。
- **给期望**：给观众一个期望值，比如：过几分钟上福利或者马上讲核心，或者马上有经典戏码上演等，总之，让观众产生期望，能留下来。
- **下“钩子”**：就是勾起观众的好奇心，让观众不舍得走，也是俗称的“讲废话”，先记公式：①戳痛点；②引共鸣；③夸方法；④给期望。
- **延伸话题**：一个话题是主干，学会如何从多角度、多维度描述出来，让话题更丰满，先记如下两个公式：

  （1）因为……所以：每个话题都是遵循因果关系的，我们要学会用这个因果关系去延伸话题，而且这种结构延伸出来的内容逻辑性很好，也会很有说服力。

  （2）看到、听到、想到：我们在描述一件事情的时候，可以从看到的、听到的、想到的多个不同的维度展开来讲，话题自然就丰富起来了。

第131讲 如何突破个位数

正确的思维，正确的认知，用正确的方法，突破的只是自己，不是数字。

个位数

- **直面痛点**
  - 不能给人涨粉丝
  - 没人来个位数直播间学习干货
  - 没有羊群效应，不能以人留人
- **挖掘优点**
  - 人少也是优势，因为人少，可以有足够时间把直播间的观众照顾到位，能让观众有存在感和重视感
- **找突破口**
  - 从情绪价值着手（每个数据的背后都是有血有肉的人）说出最真实的感受，人是自愿留下来的，绝不是能喊出来的。
    - 情绪价值是什么？就是人的情绪，如开心难过等，比如：起初你对经验分享的怀疑，想赚钱的兴奋，拿到手稿像拿到发财秘笈般的开心，开播前又恐播了，被人泼冷水想放弃了，想放弃又不甘心，最后又勇敢地坚持，这些故事都能触动观众的情绪。
- **客户是谁**
  - 搞清楚来的是什么人再说什么话
    - 想播还不敢开播的人
    - 开播了也是个位数的人
    - 跟你诉苦、聊聊天的人
- **必练技能**
  - 把自己的故事讲得生动精彩
  - 一对一喊人留人的技巧
- **找突破口**
  - （1）不要教干货，教干货是说教式，观众不爱听，要用分享自己经历的形式把干货分享出来。
  - （2）不要背话术，要讲自己的故事经历，用真诚打动观众。
  - （3）不要无效自我介绍，要介绍自己让人觉得在你直播间停留是有价值的，自我介绍要用最短时间推销自己。
  - （4）不要从头到尾的感谢，不能闲聊，学会一对一喊人留人，多喊新人。
  - （5）个位数不要拉流量。
  - （6）播到0人的话，千万不要唱歌，不要发呆，不要负能量，不要不说话，也不要乱说话，要开口说话，因为门外有人。

下面是笔者整理的个位数适合讲的话题，很容易引起共鸣但并非要全部讲，选择一两个你讲得好的就可以了。讲什么上人就多讲，讲什么掉人就少讲，多去试，讲故事是必练的一项基本功。先从讲故事开始，练习如何把自己的故事讲好。不要急于讲知识，讲知识要右上角有人才有说服力，而且讲干货是需要技巧的，新人前期驾驭不了，讲不好，先练故事，干货随着人数的增加一点一点加。

- **如何来抖音**
  - 看到谁，谁赚钱，自己也想干
  - 开始不信，后来发现确实能赚钱
  - 感觉很简单就来了，但看花容易绣花难
- **为什么干抖音**
  - 门槛低，普通人也能干得了
  - 时间自由，能照顾家庭和孩子
  - 投资少、回报高
- **抖音带来的改变**
  - 家人反对，如何转为支持
  - 赚到钱学到知识，人更上进
- **家人支持还是反对**
  - 支持是如何支持的
  - 反对的是怎么泼冷水的
- **你的恐播和迷茫**
  - 看到很多人粉丝只有个位数，有点恐播、有点迷茫，最后又是如何克服恐播的
- **踩过哪些坑**
  - 找大主播买了一堆没用的稿子
  - 买过什么课，或者被人骗的经历等，都可以聊

第132讲 如何布局一场完整的直播

整场直播如同下棋，直播内容的安排是要根据直播间推流节奏来设计的。

0~2 分钟

第一批来的是铁粉

铁粉真诚打招呼即可，不需太官方的自我介绍，大家是来看你开场的。

2~10 分钟

抖音推的第一波初始流量

初始流量来得快、猛、泛，初始流量承接的好坏决定一场直播的推流，这波流量里陆续有同行，有泛粉，所以两波流量要同时接，同行看开场，泛粉多讲与赚钱相关的话题。

10~30 分钟

人数继续上升，上到峰值

（1）通过自我介绍，突出自己的结果。（吸引泛粉）

（2）通过讲为什么来干抖音，讲抖音的好处，接不同的流量。（宝妈、负债……）

（3）循环穿插见证法，“200 人、300 人，上人好快啊”！（开场上人是快，利用这一点留人，大家都喜欢看上人的直播间）

（4）循环提醒，我正在开场接流量，留下精准粉。

（5）有刷礼物的画面，要特别感谢，提醒观众看礼物金额。

30~40 分钟

上到峰值抛话题

（1）连环抛：有没有和我一样想来抖音赚生活费的？有没有恐播怕播的？有没有直播间个位数的？

（2）做节目预告，预告整场直播的内容和接下来马上要讲的核心。

40~60 分钟

讲前面练习的六个话题

（1）讲自己的经历，每个故事经历不能太平淡，要有对比，有起伏，有教育意义。

（2）内容要环环相扣。

灵活时间

选一个经验作为干货即可

干货指的是要用讲故事的形式去分享，不能说教。例如：讲自己恐播的故事、画面和细节，最后讲如何克服的，克服的方法就是干货，切记不要说教。

下播前 10 分钟

下播

（1）下播前做整场节目预告，让大家对明天的开场感兴趣。

（2）引导大家看场观数据，有带货可适当晒收入。

（3）谢榜、谢大家，下播，下播后复盘。

第133讲 拉流量、接流量、稳流量、做数据

这是一套提升流量的完整组合拳，从拉到接到稳到转化，做好直播间五大数据。

搞流量

- **拉流量**
  - 推流逻辑：有停留就有推流，有转化就有叠加
  - （1）明拉：通过主播状态或话术、铺垫或者演绎引发直播间观众的好奇心，只要里面的人不走，就能触发抖音的叠加推流机制。
  - （2）暗拉：靠画面的背景制造视觉锤。
- **接流量**
  - 1. 发福袋 —— 三分钟无门槛的全民福袋，时间不要设置太久，福袋可以延长一部分观众的留存时间。告诉大家里面抖币是钱，提醒大家去参与领取。
  - 2. 自我介绍 —— 首先要明白自我介绍是要在最短的时间内向观众推销自己，一定要突出自己的价值和能量点，让人知道在你的直播间停留下来有什么收获。
  - 3. 抛话题 —— 直播间来一波大的流量，要尽可能多地把人留住，不要急于讲内容，多抛话题，一个接一个连环抛。
  - 4. 节目预告 —— 让观众知道接下来你要讲的内容是什么，预告的内容一定是能解决你刚才抛出去的话题的。
- **稳流量**
  - （1）话题衔接处：要学会承上启下抛，就是讲完一个话题要总结，因为总有人是刚进来的，没听全，总结一下，如果他想听前面的内容会点关注明天再来，要预告，预告是因为直播间观众耐心很低，学完一个马上想走，得告诉他们后面更精彩，不要走开。
  - （2）具体话题：要学会铺垫，也就是下“钩子”，可以先记一下万能公式：戳痛点、引共鸣、夸方法、给期望。
- **做数据**
  - （1）掌握要数据的时机，抛话题后再要数据。
  - （2）五大数据
    - 进入率 —— 画面，主播状态
    - 停留时长 —— 抛价值，下钩子
    - 互动
      - 善于提问
      - 利他思维
    - 关注
      - 提醒关注
      - 利他思维
    - 灯牌
      - 手把手教如何亮灯牌
      - 讲明白亮灯牌的好处
      - 引导进群领资料，灯牌自然有了

第21篇 首播认知篇

◎ 账号搭建思维导图

◎ 正确的心态和认知

◎ 正确的学习方法

◎ 正确的学习顺序

◎ 经验分享的本质和变现逻辑

第134讲 账号搭建思维导图

老号开播前要整理，新号开播前要过风控，起号是基础，很关键。

- **账号篇**
  - 账号检测
    - 检测账号
      - 创作者服务中心→主播中心→更多功能→违规记录
      - 点右上角三条杠→设置→账号与安全→抖音规则中心→账号检测
    - 违规了咋办？
      - 删除违规作品，学习规则，避免违规
      - 坚持发优质作品和开直播活跃账号
  - 整理账号
    - 清理僵尸粉——点右上角三条杠→设置→账号与安全→更多功能→自助清粉
    - 停止发作品，重新定位——定位定江山，定位很重要
    - 隐藏杂乱的老作品——分批次隐藏，权限设置为仅自己可见
  - 完善五件套
    - 头像——建议用本人高清半身照，注意不要有水印
    - 名字——简单点的汉字，2~5个字，不要有生僻字，不要有特殊符号
    - 背景图——清晰漂亮的照片即可，注意不要用门头广告照片
    - 个人简介—自己的名片，简短的介绍自己，不要写个人联系方式
    - 抖音号——抖音号可以改，但不建议修改
    - 【注意】整理五件套，要注意要修改的地方想好后一次性修改，不要频繁修改资料。另外，所有的地方都不要出现第三方水印，或者其他的个人联系方式。
  - 新号过风控
    - 七天风控期，不要去直播间刷大礼物
    - 不要频繁地异地登录
    - 不要频繁地修改资料
    - 不要一个手机多个账号来回切换登录
    - 只需摸拟一个正常用户的正常行为就可以了
  - 7天起号
    - 新人开播前七天是一个考核周期，数据非常关键
    - 七天做到数据是递增的，确保一天比一天的数据更好，第八天场观会有飞跃式的提升，这就是七天螺旋起号，尽量低开高走，稳扎稳打
  - 盘活老号
    - 也可以通过七天的时间盘活一个不推流的老号
    - 坚持七天定时定点定时长，坚持每天开直播，且每天数据做到递增
    - 坚持七天定时定点发作品，发作品的时间选择在开播前半个小时

第135讲 正确的心态和认知

少走弯路就是最大的捷径，快就是慢，慢就是快，不浮躁、不焦虑、不迷茫，稳步前进。

心态认知

- 新人误区
  - 捡钱：以为是来捡钱的，以为每个人开播都能轻轻松松赚钱
  - 简单：想得过于简单，以为不用唱不用跳，坐着说话，扮扮丑就能赚钱
  - 容易：听多了首播破百、三天破千，听到看到的都是三天起飞、日入五位数的神话，以为打开直播间就能破百破千，期望值高
- 小白通病
  - 急躁：想三天破百，七天起飞，想一个月能见成效拿结果
  - 浮躁：不愿意锻炼基本功，一心只想走捷径，想找方法直接起飞
  - 焦虑：直播没人就很焦虑，为啥别人行，我不行，容易陷入自我怀疑
  - 迷茫：不知道自己适合哪种内容，哪种风格，到底怎么调整，不知所措
  - 放弃：容易为自己的放弃找各种借口
- 少踩坑
  - 学习方式不对，我们的学习方法都是蹲在直播间，而直播间听到的只是表面，主播在直播间没办法讲得太深，主播也需要向流量低头，需要抓数据，只能讲些简单的东西，而更多的是要去看这个主播怎么做，要靠自己去悟
  - 容易掉入流量陷阱，盲目追求人气值，人气影响着状态和心情
- 正确认知
  - 真正的新人小白不可能直接起飞，粉丝个位数是每个主播的必经之路
  - 一定是先播种才能收获，一定是先付出才能得到，没有无缘无故的爆火
  - 必须真正意识到，只有靠直播能力才能成功，而直播能力只能靠自己一场场锻炼出来
- 正确思维
  - 要有老板思维、创业思维，而不是员工思维 —— 自己创业，为自己负责，线下创业你能接受半年一年不赚钱，做抖音也是一样，前期是要积累的
  - 独立性 —— 独立思考、独立学习、独立练习、独立成长、独立强大
  - 自主性 —— 主动学，主动练，主动思考，主动调整，主动进步，不需要任何人督促
- 正确方法
  - 了解自己性格、能力、爱好、时间成本、真实水平
  - 定位自己能干什么，适合哪种风格，适合哪种类型？
  - 找对标：先模仿再超越 —— 找适合模仿的主播
  - 正确地学习
  - 正确地练习

第136讲 正确的学习方法

掌握正确的学习方法，磨刀不误砍柴功，节约时间少走弯路，时间成本是最大的成本。

（1）每个准备创业的普通人来到抖音平台，想开播想创业想赚钱，第一步就是要学习，我们一定要树立正确的认知，干抖音确实不难，但是也并非那么容易，我们需要学习，多方面地学习。掌握一个正确的学习方法会让我们事半功倍，少走弯路。干抖音没有捷径，只有努力学习和坚持到底才是正道。

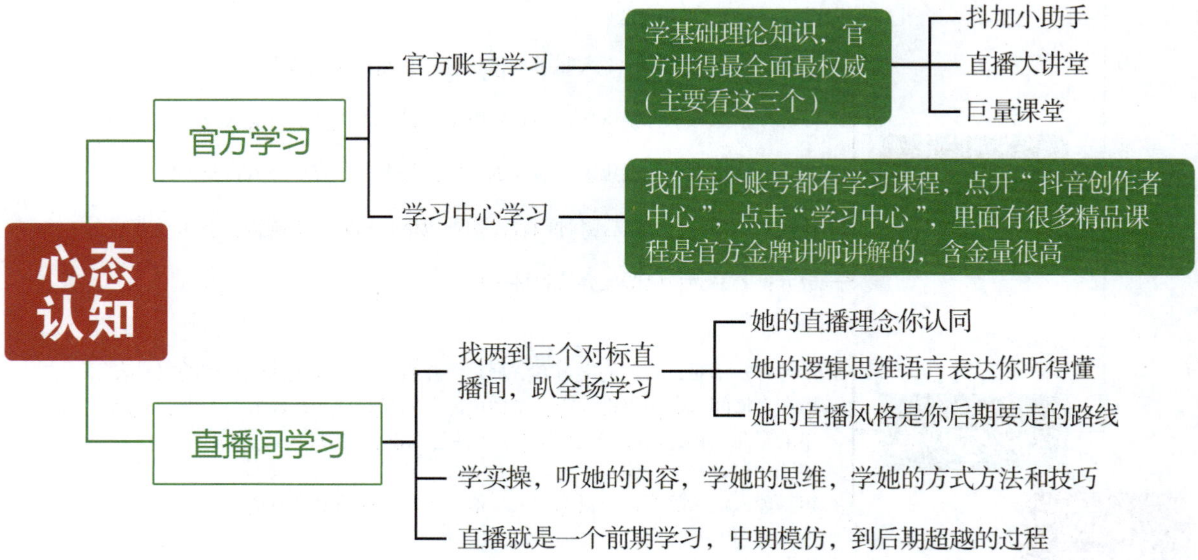

（2）十大官方账号。

①巨量课堂：运营机制的分析和基础知识讲解；

②电商小助手：带货必看，电商操作流程和系统课程；

③企业小助手：蓝V必看，专业帮助企业号；

④抖音来客：实体商家必看；

⑤抖星情报局：新手必看，很多抖音运营的基础知识；

⑥直播大讲堂：直播间的运营技巧和规则，主播必看；

⑦抖音小助手：创作者必看，常见问题解决方案；

⑧DOU+小助手：创作者必看，上热门的技巧；

⑨抖音创作灵感：短视频的所有运营方法；

⑩抖音安全中心：了解审核机制、账号处罚。

（3）抖音的搜索解决问题。

新人前期都会遇到很多不懂的问题，又得不到解答，这个时候该怎么办呢？打开抖音首页右上角放大镜搜索，直接输入你的问题，比如“商品橱窗怎么开通？”这样省时省力而且高效，现在抖音的搜索功能已经非常强大，一定要好好利用起来。

第137讲 正确的学习顺序

学习不是一蹴而就的，正确的学习顺序同样重要，应从简到难，先学基础再学技巧。

学什么

- 抖音基础知识
  - 抖音的基础知识、平台的直播规则、主播的行为规范
  - 抖音的底层推流逻辑、各项考核数据要基本了解
- 如何拍视频
  - 先学基础拍摄、基础剪辑功底，能简单拍出一条视频，加文字、音乐、标题、封面，能完整地拍出一条视频
  - 再学技巧：如何上热门，怎样开头，怎么蹭热点，怎样安排节奏等，视频一定是内容为王，优质的内容才能上热门
- 如何开直播
  - 先了解基础的操作流程，会讲基础的话术，清晰地表达出来
  - 再学直播间控场的技巧和方法
- 如何带货变现
  - 如何开通橱窗、如何在精选联盟选合适的货品
  - 如何排品，如何塑品，如何憋单做转化变现

商业定位

定赛道、定产品、定人设、定风格

1. 选好自己要做的赛道和变现方式
2. 定好自己的人设和直播风格
3. 根据自己的客户群体定直播内容
4. 从头像到名字，从简介到作品统一打造

基础知识

基础知识、底层逻辑、平台规则知识

1. 最基础的常识、功能按钮须熟知
2. 推流逻辑、推流机制需了解
3. 违禁词要记，直播行为规范先了解

账号搭建

账号搭建

1. 老号先检测，清理违规作品及僵尸粉
2. 五件套整理打造（注意和人设匹配）
3. 老作品整理
4. 新号要养号

打标签

打标签

1. 喜好标签
2. 创业标签
3. 直播间标签

起号破圈

七天螺旋起号

1. 首播前做足准备工作
2. 开启首播、二播、三播
3. 适应镜头，调整心态练基本功

锻炼成长

锻炼直播能力

1. 讲话术的技巧
2. 留人的技巧
3. 互动控场的技巧

学习卖货

学习带货方法和技巧变现

1. 带货的流程
2. 带货的技巧

第138讲 经验分享的本质和变现逻辑

看清本质，了解底层逻辑，认知更清晰，方向更明确，内心不彷徨。

底层逻辑

- **核心本质**
  - 赚认知差、信息差的钱，比如：这个东西我懂而你不懂，我可以教你知识赚钱；我知道你不知道我告诉你；这东西我有你没有我卖给你
  - 经验分享的核心本质是：拉新留新，替抖音做转化，制造需求
- **赚钱逻辑**
  - 搞流量、搞人气、宣传自己，打造个人 IP，提升个人影响力
  - 卖
    - 卖产品 —— 带货（自有货源、平台货源）
    - 卖知识 —— 自己录课，或卖别人的课，也可以讲干货
- **变现方式**
  - 开直播赚音浪 —— 赚音浪，音浪的收益，平台和主播各分成 50%，下播可以直接提现
  - 带货达人 —— 做带货达人，开通橱窗，选品广场选品带货。开商品窗有四个条件：①抖音平台实名认证；②10 条公开作品；③1000 的粉丝量；④保证金 500 元
  - 广告创作者分成 —— 需要粉丝量达到一万以上的账号，可以申请开通广告创作者计划
  - 星图广告 —— 粉丝数量够 1 万，可以入驻星图，接广告变现，这个广告费用，可以自主报价，不合适也可以和商家谈价，按单条进行结算
- **现在干晚不晚**
  - 直播是从 4G 到 5G 时代才开始，过去是图文时代，5G 时代才刚刚开始，不晚
  - 14 亿注册、8 亿日活，然后抖音上真正的创业者很少，能坚持下来的更少
  - 抖音从娱乐平台→电商平台→创业平台，现在需要更多的普通人入局
  - 抖音的算法机制高度去中心化，内容为王，任何时候新人都有机会
- **你的选择** —— 做还是不做？

做就全力以赴！

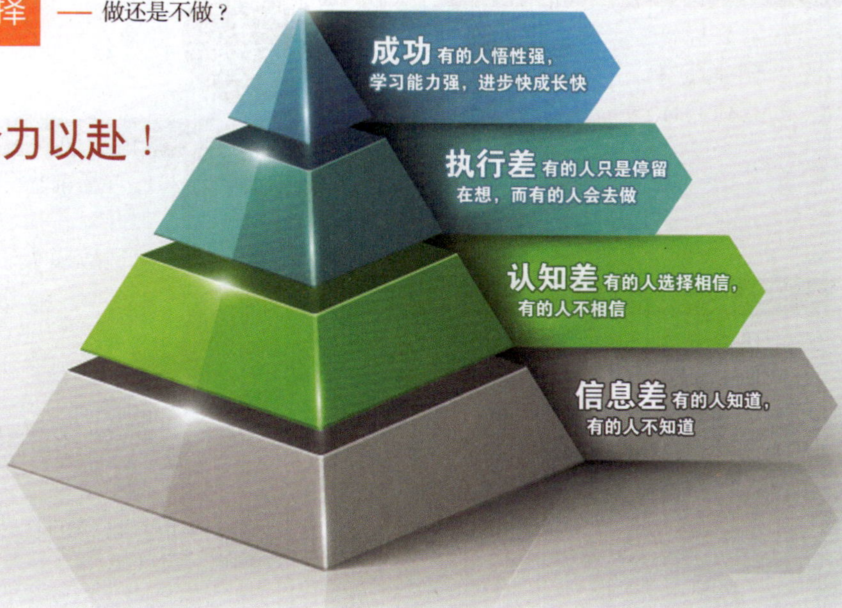

第22篇
首播拉流量破百话术篇

◎ 首播拉流量开场话术

◎ 如何引共鸣拉峰值

◎ 如何把直播间外面的人喊进来

◎ 如何拆解话术抛价值叠加流量

◎ 新人首播破百的三个流程

第139讲 首播拉流量开场话术

欢迎走进 ×× 直播间的朋友们，今天是我人生中第一次开直播，刚刚打开直播间，没想到我这么普通的宝妈首播还能进来这么多人，感谢大家愿意为我停留，没有闪进闪退，谢谢你们不嫌弃一个新人，愿意留下来见证我的首播。做个简单的自我介绍，我是来自 ××（省份）的全职带娃的宝妈，以前跟大家一样，每天抱着手机刷抖音，看那些搞笑视频打发时间，一次偶然的机会，我刷到很多像我一样普通的宝妈开直播创业，人家不唱不跳，就聊天分享自己的开播经验，聊到右上角有人了就能赚生活费。我心想这挺好呀，抖音平台现在扶持“三农”，扶持老百姓，给咱普通人机会，开直播也不用花钱。

所以今天我鼓足勇气开启了我的首播。开播前我跟你们一样恐播，而且特别迷茫，看到那些优秀的大主播一讲讲好几个小时，口才特别好，再看看自己就感觉挺没自信的。

前几天我刷到好几个新人开首播，他们的直播间没有大喊大叫，也没搞什么“新奇特”，就用了一个小方法，就做到了百人千人。在他们直播间我学会了空开、转场、拉峰值，人为干预拉8000个精准粉丝来看直播，现在我正在实操这个方法。

所有走进直播间的朋友们，你们都开播了吗？已经开播的打“1”，没有开播的打“2”，大家瞄准公屏打字的交交朋友。

第140讲 如何引共鸣拉峰值

高效的自我介绍可以引发共鸣产生停留、拉峰值。

欢迎走进我直播间的家人们，今天是我的首播，非常紧张，特别激动，真的没有想到会有这么多人愿意为我停留，感谢你们不嫌弃我这个新人，我来自 ××（省份），你是哪里人？打在公屏上咱们认识一下。我是一个全职带娃的二胎宝妈，直播间有没有孩子妈妈，有的打个“1”。我平时跟大家一样，每天抱着手机刷抖音，看那些搞笑视频打发时间，偶然刷到很多像我一样平凡的宝妈宝爸，来抖音开直播创业，有的做到了千人，有的做到了万人。人家不唱歌也不跳舞，就聊聊天分享自己的开播经验，聊到直播间有人了就能赚个生活费。我一听这事儿挺好的，就想来尝试一下。

开播之前我跟大家一样到处学习，看到那些优秀的大主播口才好能力强，我就没自信了。有没有跟我一样的，越学越迷茫，越学越不敢播，家人们有没有跟我一样情况的，有的打个“1”。我今天之所以敢坐在这里开播，是因为开播前几天我刷到了很多像我一样的新人，直播间没有大喊大叫，也不搞什么“ 新奇特 ”，人家就用了一套简单的小方法，首播就突破了百人千人。我在他们直播间学会了空开、转场、拉峰值，人工干预拉 8000 人来看自己首播，今天我把这个方法分享给你们，如果你是来创业的打个 1。

第141讲 如何把直播间外面的人喊进来

拆解开场暖场话术，为啥说它就能上人？
把直播间外面的人喊进来，关键词“首播”自带流量。

欢迎所有走进我直播间的朋友们，今天是我人生中的第一场直播，有点紧张，也非常激动，真的没想到像我这样的普通宝妈首播第一场，直播间来了这么多人，开播前我都不敢想会是这样的结果。门外的以及走进我直播间的家人们，你们都开播了吗？已经开播的打“1”，没有开播的打“2”。你现在看到的是一个新人的首播，可以把我的直播间当成你自己的直播间，把我当成你的一面镜子，与其每天去听大主播们还原首播，不妨今天亲眼见证我这个新人的首播，见证我这个新人新号首播第一天从 0 至 1 的过程。天哪，我的直播间又上人了。首播第一天平台给我推了这么多人，你看还在上人，见证的打个“见证”。

拆解：抓住人性的特点、好奇心，把人从门外吸引进来。

（1）自信满满的状态；

（2）适当造势；

（3）利用大家的好奇心。

第142讲 如何拆解话术抛价值叠加流量

拆解：挖新人的痛点，产生共鸣，有共鸣有停留才会有推流。

欢迎大家走进直播间，今天是我的首播，刚打开直播间，没想到平台给我推了这么多人，虽然我是个新人，但是我有信心首播第一场就能突破百人在线。

因为开播前我做了充分的准备，今天带着方式方法来开启首播的，听大主播们说首播并不难，我也见证了很多新人抓住开播前的 10 分钟把流量峰值拉上去了，首播破百破千的有很多。

这套方法，如何空开，如何转场，如何利用人工干预拉来 8000 个人看自己首播。不管你是宝妈还是宝爸，零基础没经验的，只要你想学，打个“想”，我给大家实操一遍。听完我的方法，觉得有用直接拿去复制。今天我只讲一遍，不会耽误你太长时间，五分钟就能讲完。

拆解：刚开播人少很正常，但是几分钟后我有可能就会突破百人，有自信有方法。

欢迎 ××，欢迎 ××，我是个新人，今天是我首播的第一天，我想用一种简单的方式突破个位数，你开播了吗？如果开播了打“1”，没有开播打“2”，如果你恐播不敢播，或者开播了一直突破不了个位数，今天可以停留下来听听我的分享，一起来见证我的首播能不能突破，毕竟我是离你最近的直播间。如果你到现在都不敢播、不会播，开了播又不知道说什么，打个“666”，我们互相交个朋友认识一下，感谢你今天来支持我。你几点开播呀，我记下来，等你开播我去帮你做数据。如果今天你见证我直播间做起来了，那么未来你开播可以把我的方法跟话术直接拿去用。如果今天我首播失败了，那么以后你开播也能避开这些坑。

第143讲 新人首播破百的三个流程

一、直播前如何正确设置账号

三关一开
- （1）同城→关闭（实体店除外）
- （2）认识的人→关闭
- （3）私密账号→关闭
- （4）高光时刻→打开

直播间礼物最多、评论最多、在线人数最多

二、直播前如何找精准流量

五会
- （1）会检测账号
- （2）会建粉丝群
- （3）会打标题，设标签
- （4）会做直播预告
- （5）会转发直播间（提前5分钟）

三、直播中如何设置＋留人

3，2，1开播
- （1）开播三件事（点赞、评论、自己送礼物）
- （2）如何识人、留人（话术和道具留人）
- （3）团名、灯牌、免费人气票
- （4）红包、福袋留人
- （5）pk、连麦、背景、音乐……

第23篇
违禁词自查篇

◎ 直播间违规词替换

◎ 内容违规类

◎ 禁止使用的极限用语

◎ 禁止使用的医疗用语

◎ 禁止使用的化妆品虚假宣传用语

◎ 禁止使用时限权威刺激消费词语

第144讲 直播间违规词替换

❌ 违禁词：最便宜
✅ 替换词：地板价/冰点价

❌ 违禁词：送
✅ 替换词：安排/赠

❌ 违禁词：名牌
✅ 替换词：品牌/大牌

❌ 违禁词：顶级
✅ 替换词：天花板级别

❌ 违禁词：永久
✅ 替换词：一直都在

❌ 违禁词：全网
✅ 替换词：各品牌

❌ 违禁词：原价
✅ 替换词：日常价/零售价

❌ 违禁词：100%
✅ 替换词：99＋1

❌ 违禁词：微信
✅ 替换词：私域/绿泡泡

❌ 违禁词：抽奖
✅ 替换词：抽幸运锦鲤

❌ 违禁词：首选
✅ 替换词：优选

❌ 违禁词：变现
✅ 替换词：收益

❌ 违禁词：行业第一
✅ 替换词：头部

❌ 违禁词：首批
✅ 替换词：头一茬

❌ 违禁词：低价秒杀
✅ 替换词：给大家福利

❌ 违禁词：万能
✅ 替换词：百搭

❌ 违禁词：免费
✅ 替换词：不要钱

❌ 违禁词：纯天然
✅ 替换词：没有额外添加

❌ 违禁词：淘宝
✅ 替换词：某宝

❌ 违禁词：京东
✅ 替换词：某东

❌ 违禁词：纯棉
✅ 替换词：100棉

❌ 违禁词：天猫
✅ 替换词：某猫

❌ 违禁词：拼多多
✅ 替换词：拼夕夕

❌ 违禁词：全球
✅ 替换词：世界上

❌ 违禁词：一流
✅ 替换词：远超行业水准

❌ 违禁词：秒杀
✅ 替换词：福利

❌ 违禁词：过敏
✅ 替换词：敏感肌可以用

❌ 违禁词：国家第一
✅ 替换词：在我国认可度特别高

❌ 违禁词：最新技术
✅ 替换词：非常前卫的技术

❌ 违禁词：仅此一次
✅ 替换词：以后都没有

❌ 违禁词：史上最
✅ 替换词：已经是顶到头了

❌ 违禁词：买一送一
✅ 替换词：买一个安排两个到手

❌ 违禁词：世界第一
✅ 替换词：是我见过的头部了

❌ 违禁词：国际品质
✅ 替换词：和很多大牌一样的品质

❌ 违禁词：跳楼价
✅ 替换词：突破了之前的低价了

❌ 违禁词：原价
✅ 替换词：吊牌价/门店价格

❌ 违禁词：加急
✅ 替换词：快马加鞭，插单提速

❌ 违禁词：加灯牌送
✅ 替换词：加了灯牌运营统计一波福利

❌ 违禁词：打已拍，安排运费险
✅ 替换词：拍了打自拍运营统一以防漏掉

❌ 违禁词：最低
✅ 替换词：截至目前这个价格我还没见过

❌ 违禁词：提高免疫力
✅ 替换词：不舒服的朋友推荐这款产品

❌ 违禁词：美白
✅ 替换词：你涂上，你第二天就亮了

❌ 违禁词：限时限量
✅ 替换词：就只有现在有，一会儿就没了

❌ 违禁词：无副作用
✅ 替换词：低风险/不会有太多依赖

❌ 违禁词：遥遥领先
✅ 替换词：目前没有人能追上我们的销量

❌ 违禁词：全国首发
✅ 替换词：别人家还没出，我们家先上了

❌ 违禁词：最新
✅ 替换词：本季新款，今天刚来

第145讲 内容违规类

一、发布违法信息

（1）易燃易爆、管制刀具、违法药品、毒品，捕杀野生动物，恶意曝光他人隐私，未经他人允许偷拍，盗用作品，宣传伪科学等。

（2）非法集资、暴力行为、打架自残、家暴、虐待动物、体罚未成年人等。

（3）内容低俗色情，着装不雅。

二、危险行为

危险驾驶、酒驾、不系安全带等，危险的户外行为，非专业人士表演特技，极限运动。

三、内容禁用词

药品类、金钱、违反社会治安类、占卜类、整形类、烟酒类、涉黄、赌博、违法类等。

四、不良价值观

（1）违背公序良俗和社会主义核心价值观的内容。

（2）抽烟、酗酒、辱骂他人、虐待恶搞动物的不良行为，恶搞人民币、嘲笑弱势群体、卖惨营销、宣扬不正当男女关系等，违反交通规则、作弊、恶搞名胜古迹、翻越闸机、乱涂乱画等。

五、危害未成年人身心健康的内容

未成年人穿着成人化、早恋、文身、校园暴力、炫富攀比、成人化演绎、整蛊恶搞惊吓未成年人，无保护给儿童拍摄危险动作。

第146讲 禁止使用的极限用语

（1）严禁使用国家级、世界级、最高级、第一、唯一、首个、首选、顶级、国家一级产品、填补国内空白、独家、首家、最新、最先进、第一品牌、金牌、名牌、优秀、顶级、独家、全网销量第一、全球首发、全国首家、全网首发、世界领先、顶级工艺、王牌、销量冠军、第一（NO.1 / TOP1）、极致、永久王牌、掌门人、领袖品牌 、独一无二、绝无仅有、史无前例、万能等。

（2）严禁使用最高、最低、最具、最便宜、最新、最先进、最大程度、最新技术、最先进科学、最佳、最大、最好、最新科学、最新技术、最先进加工工艺、最时尚、最受欢迎、最先等含义相同或近似的绝对化用语。

（3）严禁使用绝对值、绝对、大牌、精确、超赚、领导品牌、领先上市、巨星、著名、奢侈、世界、全国 × 大品牌之一等无法考证的词语。

（4）严禁使用 100%、国际品质、高档、正品、国家级、世界级、最高级、最佳等虚假或无法判断真伪的夸张性表述词语。

第147讲 禁止使用的医疗用语

禁止使用疑似医疗用语（普通商品，不含特殊用途化妆品、保健品、医疗器械）

（1）全面调整人体内分泌平衡；增强或提高免疫力；助眠；失眠；滋阴补阳。

（2）消炎；促进新陈代谢；减少红血丝；优化细胞结构；修复受损肌肤；治愈；抗炎；活血；解毒；抗敏；脱敏。

（3）减肥；清热解毒；清热祛湿；治疗；除菌；杀菌；灭菌；防菌；消毒；排毒。

（4）防敏；柔敏；舒敏；缓敏；脱敏；褪敏；改善敏感肌肤；改善过敏现象；降低肌肤敏感度。

（5）镇定；镇静；理气；行气；活血；生肌；补血；安神；养脑；益气；通脉。

（6）胃胀蠕动；利尿；驱寒解毒；调节内分泌；延缓更年期；补肾；祛风。

（7）防癌；抗癌。

（8）祛疤；降血压；防治高血压；治疗。

（9）改善内分泌；平衡荷尔蒙；防止卵巢及子宫的功能紊乱；去除体内毒素。

（10）除湿；润燥；治疗腋臭；治疗体臭；治疗阴臭。

（11）美容治疗；消除斑点；斑立净；无斑；治疗斑秃；逐层减退多种色斑。

（12）毛发新生；毛发再生；生黑发；止脱；生发止脱；脂溢性脱发；病变性脱发；毛囊激活。

（13）酒糟鼻；伤口愈合清除毒素。

（14）缓解痉挛抽搐；减轻或缓解疾病症状；临床观察具有明显效果。

（15）丘疹；脓疱；手癣；甲癣；体癣；头癣；股癣；脚癣；脚气；鹅掌癣；花斑癣；牛皮癣；传染性湿疹。

（16）伤风感冒；经痛；肌痛；头痛；腹痛；便秘；哮喘；支气管炎；消化不良。

（17）刀伤；烧伤；烫伤；毛囊炎；皮肤感染；皮肤面部痉挛等疾病名

称。

（18）细菌、真菌、念珠菌、厌氧菌、芽孢菌、毛囊寄生虫等微生物名称。

（19）雌性激素、雄性激素、荷尔蒙、抗生素、激素。

（20）药物；中草药；中枢神经。

（21）细胞再生；细胞增殖和分化；免疫力；患处；疤痕；关节痛；冻疮；冻伤。

（22）皮肤细胞间的氧气交换；红肿；淋巴液；毛细血管；淋巴毒等。

第148讲 禁止使用的化妆品虚假宣传用语

（1）特效；高效；全效；强效；速效；速白；一洗白；×× 天见效；×× 周期见效。

（2）超强；激活；全方位；全面；安全；无毒；溶脂、吸脂、瘦身；瘦脸；瘦腿；减肥；延年益寿。

（3）提高（保护）记忆力。

（4）提高肌肤抗刺激；清除；化解死细胞；去（祛）除皱纹；平皱；修复断裂弹性（力）纤维。

（5）止脱。

（6）采用新型着色机理永不褪色；迅速修复受紫外线伤害的肌肤；更新肌肤；破坏黑色素细胞；阻断（阻碍）黑色素的形成。

（7）丰乳；丰胸；使乳房丰满；预防乳房松弛下垂（美乳、健美类化妆品除外）。

（8）改善（促进）睡眠；舒眠等。

第149讲 禁止使用时限权威刺激消费词语

一、禁止使用时限用语

限时须有具体时限，所有团购须标明具体活动日期，严禁使用随时结束、仅此一次、随时涨价、马上降价、最后一波等无法确定时限的词语。

二、禁止使用权威性词语

（1）严禁使用国家 ×× 领导人推荐，国家 ×× 机关推荐，国家 ×× 机关专供、特供等借国家、国家机关工作人员名称进行宣传的用语。

（2）严禁使用质量免检、无须国家质量检测、免抽检等宣称质量无需检测的用语。

（3）严禁使用人民币图样（中国人民银行批准的除外）。

（4）严禁使用老字号、中国驰名商标、特供、专供等词语。

三、禁止使用“点击××”词语

严禁使用疑似欺骗消费者的词语，例如：恭喜获奖、全民免单、点击试穿、领取奖品、点击有惊喜、点击获取、非转基因更安全等文案元素。

四、禁止使用刺激消费词语

严禁使用激发消费者抢购心理的词语，如秒杀、抢爆、再不抢就没了、不会再便宜了、错过就没机会了、万人疯抢、抢疯了，等词语。

第24篇
拉流量话术篇

◎ 直播推流机制

◎ 开播中的3件事

◎ 如何突破百人在线

◎ 3句话1个动作实操演示

◎ 撕开直播间流量入口的方法

◎ 十位数直播间流量突破技巧

第150讲 直播推流机制

我们在直播过程中说的每一句话、做的每个动作都要围绕数据来做，没有数据的直播就没有推流，所以我们必须提升自己做数据的能力。抖音推流机制：进入率、停留时长、完成数据指标。

一、5 个方法提升直播间的进入率

（1）互动：让门外的人觉得直播间很热闹。

（2）画面：好的画面可以吸引别人点击和进入。

（3）状态：一定要保持一个良好的状态，状态决定了你做得快不快，心态决定你走得远不远。

（4）内容：内容的好坏决定了别人是否愿意点击进入，同时也决定了粉丝在我们直播间停留的时长。

（5）开播界面的设置：封面、标题、定位、直播内容、热度话题、分享直播间，具体操作大家自己打开直播界面操作一遍。

二、停留时长：1~3 分钟

来直播间的人，平均停留时长要达到这个标准，1 分钟及格，3 分钟优秀，有停留就有叠加推流。（内容和价值输出完成停留时长）

三、3 项新增

（1）新增粉丝的数据（完成观众总数的 3%）；

（2）新增付费的数据（完成观众总数的 5%）；

（3）新增评论互动的数据（完成观众总数的 5%）。

第151讲 开播中的3件事

一、开播找流量

1. 开播前逛直播广场： 送灯牌、打字、点赞，蹭热度活跃账号。

2. 开播前发作品。 播放量 1 万人以上，提前半小时发；

播放量 3 千左右，提前 20 分钟发；

播放量 500~1000，提前 10 分钟发。

3. 开播前设置标题、话题、封面（提高直播广场进入率）。

右上角三条杠→抖音创作者中心→主播中心→去开播（封面、标题、话题）。

4. 进入直播间找流量： 三个动作预热直播间、刺激流量池。

礼物：用小号进直播间给自己飘几十颗小星星；

评论：给自己打字；

点赞：自己给自己点赞 100 +（最好点 300 + ）。

5. 暖场找流量： 人多暖场，人少控制好暖场，可以不暖。

6. 暖场万能公式：

（1）欢迎感谢 + 开场自我介绍：欢迎新进直播间的家人们，大家好，我刚刚开播、刚刚上线，今天是我开播的第 × 天，我来自 ××（省份）。

（2）抓痛点：有没有到现在还不知道抖音能赚钱，到现在还把抖音当娱乐工具来消遣的家人们？有没有已经知道抖音能赚钱，想播不敢播不会播，不知道怎么开播的家人们。

（3）抛话题：我来给大家分享作为一个新手，我在开播前做了哪些充分的准备，今天终于鼓起勇气开启了我的首播。

（4）问问题：没有开播的打“1”，已经开播的打“2”。

二、直播间留人

1. 画面留人：背景墙、服装道具，用画面吸引人停留。

2. 价值留人、内容留人，适合个位数直播间的八大话题：

①开播前的设置：标题、话题、封面、美颜、道具、小黄车；

②直播间功能（红包福袋）；

③如何开通商品橱窗，如何添加商品；

④如何检测作品是否违规；

⑤如何检测主页五件套有没有违规；

⑥抖音的趋势；

⑦如何搭建账号；

⑧开播前的准备。

三、直播间变现

1. 钻石变现 （直播间收礼下播即可提现）。

2. 小黄车出单 （直播间有价值、有流量、有转化、有叠加）。

下播后五件事

1. 截屏本场数据（平台保留 10 场数据）；

2. 复盘总结（和上几场比较，不断找问题，不断提升）；

3. 撤管理（每个直播间有 30 个管理，这场没有撤，下场就不够用）；

4. 充钻石（每天下播看看钻石余额，为第二天作准备）；

5. 下播后去感谢粉丝（人少直播间去粉丝作品感谢，直播间做数据；人多直播间下播去铁粉作品留言）。

第152讲 如何突破百人在线

要学会留下初始流量，才会有源源不断的叠加流量，见以下方法。

1. 首播这两个字自带流量。

第一天要重复讲至少 100 遍，因为很多人对首播有好奇心，同时对首播的人也更包容，一定要不断重复讲！

2. 打开直播间第一件事：发福袋。

（1）设置好福袋口令：例如：关注了主播、主播优秀、加油等。

（2）发 5 分钟的全民福袋（不用加入粉丝团）。

（3）发 10 钻石 5 个人参与或者 10 个人参与就可以。

（4）5 分钟之后再发一个，开播后连续发 3 个就可以，看你直播间人数情况，一直上人建议连着发 3 个。

3. 配合福袋话术留人。

欢迎来到我直播间的家人朋友，你们好，我是 ××，我来自 ××（省份），我是一个新人主播，今天是我的首播，是我人生中第一场直播，我刚刚打开直播间，抖音现在正在给我推人，我正在接流量，给大家发了一个福袋，大家记得去参与一下，咱们现在直播间人少，基本都能领到，再次欢迎大家一起来见证我的首播。

再次给大家介绍一下，我是一个新主播，今天是我第一场直播，我是一名知识分享型主播，大家可能之前没有听说过，什么是知识分享型主播，你们是不是跟我一样，我们之前只听说过带货主播、娱乐主播、PK 主播，但是知识分享型的主播我们好像没有听说过，那我来给大家讲一下啊，我们这种类型的主播，只需要年满 18 岁 + 一个手机 + 一个支架 + 一张会说话的嘴，就可以来这开直播了。

第153讲 3句话1个动作实操演示

3 句话、1 个动作，万能留人话术火遍全网，你有听说过吗？你能听懂里面的玄机吗？

感谢所有走进直播间的家人们。我刚刚开播，刚刚上线，今天是我的首播，此时此刻我非常紧张，非常激动，在我开播之前，我问我的铁粉，首播应该说什么呢？

铁粉说在直播间说这 3 句话就行了，什么时候说什么时候上人，不停地说就不停地上人，重复地说就重复地上人，所以说今天在直播间，我会毫无保留地分享给大家。

如果你也想开直播，却不知道说啥，或者说你已经开播了，但直播间突破不了个位数，都可以留下来，我会毫无保留地分享给大家。

感谢所有走进我直播间的家人们，直播间的家人们可不可以帮我见证一下，现在已经上到 ×× 人啦，接下来主播再跟大家分享一下我是怎么快速突破个位数的。

如果你们准备开播不知道在直播间讲啥，或者直播间突破不了个位数的，哎呀，快 200 人了，大家帮我看看右上角是不是又进人了，前面进来的家人能帮我见证一下吗？有见证的打个“见证”，是不是从 ×× 人上到 200 人在线了，我再跟大家分享一遍好不好？

有很多的家人已经听明白了，听明白的打“明白”，不明白的打“不明白”，刚刚来的打“刚来”，就是这样 3 句话，1 个动作，把我的直播间做到 200 人在线，家人们，你们想不想知道啊？我再跟大家分享一遍好不好？讲到这里啊，大家是不是都已经听明白了里面的玄机，就是拉直播间停留重复的 3 句话和 1 个看在线人数的动作。

第154讲 撕开直播间流量入口的方法

一、口才不行画面来凑

眼睛是长在耳朵前面的：画面在前，声音在后。

开播画面要有看点、亮点、槽点。

满足这 3 点中的任何一点，你的流量都不会低。

二、炒起来直播间的热度

直播间有停留、互动，才会有源源不断的流量，只要打字就是有热度。

具体实操

首播刚开始直播间是没人互动没热度的，偶尔进来几个人，发现你的直播出奇安静，更是不会停留的。

（1）想象制造热度。

自言自语，自导自演，让进来的人感觉你的直播间好像有很多人，直播间有停留互动才会有源源不断的流量，人们就会好奇你到底在跟谁说话，忍不住打字问你，无形中就给你直播间增加了热度。

（2）用这个方法拉到几十人或 100 人在线，流量破千人后再拉精准度，让直播间 80% 都是想创业直播做知识分享 + 带货主播的人。

（3）流量池打开后输出价值。

第155讲 十位数直播间流量突破技巧

一、学会控场

（1）有人问问题，会的尽量回答，会增加互动率，有停留有推流。

（2）观察直播间情况，人数上来自我介绍，人数下降讲故事，人数不动继续讲。

二、学会做数据，学会转化

（1）新增不断提醒关注（来一个关一个）;

（2）评论问他问题（一句话即可，不够聊继续跟别人聊）;

（3）付费点灯牌（点灯牌的好处是贴标签）;

（4）点赞（活跃账号）;

（5）出单（有价值，才能出单）。

三、学会抛话题（留人做公屏互动）

（1）暖场时候抛话题;

（2）讲内容之前抛话题;

（3）直播间上人时抛话题;

（4）有人问问题时抛话题。

第25篇
留人稳人篇

◎ 如何接急速流量

◎ 直播间留人的三个小技巧

◎ 直播间留人稳人四大话题

◎ 直播间留人的核心与价值

第156讲 如何接急速流量

一、引好奇，抛话题，见证法

欢迎大家来到我的直播间，刚刚开播，哎呀！今天咋上这么多人呀！今天是我的首播，我只做对了一件事，我完成了抖音平台的三大考核，我的直播推荐就打开了，今天要上到多少人呀！我也激动呀！家人们，你们激动吗？还在上人呀！等一下你们帮我截个图，好不好？我从来没见过这么多人，你们都是真人吗？真人打个“ 真人 ”，家人们一起见证一下，看看这个福袋结束咱们能突破多少人在线。

二、自我介绍

家人们，给我一分钟的时间，我来介绍一下自己，好吗？刚来的可能还不认识我，我是来自 ××（省份）的一个普普通通的宝妈，有没有我的老乡，是老乡的打个“ 老乡 ”，好不好？你们都是来自哪里的，咱们打在公屏上面，咱们互相交个朋友。家人们，你们还有没有每天用抖音消遣、娱乐的，不知道我们普通人可以来抖音开直播挣钱的，有没有第一次刷到我这种类型的主播呀，听不懂我在讲啥的。有的话，打个“ 有 ”。

我这种类型的主播不唱歌、不跳舞、不用表演，我们这种主播叫经验分享主播，就是在直播间里面讲讲话就可以啦，我们这个领域的大多数人都是宝爸、宝妈，因为啥呀？因为我们这种类型的主播没有任何的门槛。

只要你年满 18 岁，只要你放得开敢讲话，一部手机、一个抖音号，任何一个人都可以来开直播，我也是看到一个宝妈拿到了结果，我也来试一试，没有想到我也做到了这么多人的直播间。之前我只想着能做到百人在线，能挣个生活费就可以了，没有想到这个账号，已经给我变现了这么多。

三、宣传抖音好处鼓励开播

家人们，你们知道吗？抖音支持我们普通人创业，开直播也不是只有那些网红明星做的事了，我们普通人也可以来开直播带货了，并且开直播是免费的，学直播也是免费的，它不看颜值、不看背景、不看学历、不限时长、不限地点，最重要的一点是下播直接提到银行卡上面，秒到账，不压咱们的工资。你只要年满 18 岁，有一个抖音账号、一部手机、一个支架就可以来开直播变现了，我这个账号是 2021 年搭建的，我之前也是记录生活，拍视频，刷刷刷、买买买的。我现在让它成为一个挣钱的工具了，所以你们如果和我一样是全职在家带孩子的、上班的、实体店生意不太好的、负债的、过着手心朝上的日子想翻身的，今天可以稍作停留，给我一个机会，也给你自己一个机会。咱们利用业余时间来直播，像我一样带孩子开直播每天还能挣钱，你们说好不好呀！

四、抓痛点抛主题（恐播的、首播的、直播间个位数的）

今天来到我直播间的家人们，有没有放不下面子、脸皮薄的，恐播迷茫的，首播筹备中、打开直播间不知道说什么讲什么的，有的话打个“有”，个位数留不住人的、闪进闪出的，越喊跑得越快的，开播后同城占比高的，直播推荐打不开流量口撬不开的，每天推几十个、几百个人的，有没有？有的话，你今天留在我的直播间，我利用三个小时免费给你解决一下问题，我是免费学来的，我也免费地给你们分享一下。

稳人铺垫话术

家人们，我正在接急速流量，我把这一波急速流量接完，马上就给你们分享：

（1）克服恐播首播；

（2）怎么贴标签打开直播推荐；

（3）个位数怎么突破；

（4）急速流量怎么接。

第157讲 直播间留人的三个小技巧

一、画面留人

人进到直播间第一眼看到的就是直播间的画面，这是直观感受，所以我们开直播要设计自己的直播画面，能在外面播，别在家里播，能站着播，别坐着播。

二、状态留人

主播的状态会感染直播间的所有朋友，就像春节联欢晚会，那些主持人也好，唱歌跳舞的表演家艺术家也好，大家都会拿出最好的状态来面对电视机前的观众和舞台下的观众，所以我们也要把直播当作很认真的一件事，拿出自己最好的状态。

三、话术留人

我们经验分享主播靠的就是一张嘴，我们靠嘴吃饭，说的每一句话都会感染直播间的所有人，包括直播间怎么留人稳人，怎么叠加流量，都是用话术起的作用，所以我们要准备一个好的开场暖场拉流量的话术和稳人留人的话术。

第158讲 直播间留人稳人四大话题

讲四大话题一定要学会铺垫再转折。

一、为什么来抖音

你们知道吗？我是一个普通的上班族，白天上班，晚上开播赚生活费，我以前也是用抖音娱乐，刷着玩的，有一天我无意中刷到了一个宝妈的直播间，她说她直播间不唱歌不跳舞，竟然几千人在线，我就在她直播间停留了下来，就这么一个停留改变了我的认知，就在直播间分享自己的开播经验，我觉得我也能开直播，后来我刷到了越来越多这样的直播间，看到好多宝妈宝爸拿到了结果，所以我也来抖音开直播了。

二、讲抖音的趋势

一定要告诉大家抖音的好处，最重要的是普通人可以不用花钱也能把直播间做起来。从五个方面讲：

①流量大；　②新人流量扶持；　③变现快；　④门槛低；　⑤轻投资。

三、讲开播的感受、经历

今天是我开播的第一天，我用了三个小技巧克服恐播。朋友们有没有和我一样恐播、迷茫不敢开播，担心开了播不知道讲什么、说什么，怕亲戚朋友看到笑话的，有的话打一个“有”。

四、克服恐播的三个小技巧

（1）开播之前准备了直播大纲。

（2）对着自己家的镜子练习了七天。

（3）给自己定了一个开播日期，逼着自己来开播。

第159讲 直播间留人的核心与价值

直播间留人的核心与价值

1 直播间流量核心

① 如何把外面的人引进来

② 如何把引进来的人留在直播间

2 定位

人设定位： 宝妈 / 负债者 / 宝爸 / 企业家 / 实体店老板

很多人做不起来
直播没人设没风格 → 性格特点 活泼开朗/温柔/沉稳

内容定位： 讲直播相关 / 唱歌/跳舞/打pk

粉丝定位： 你到底要吸引谁来你的直播间
互刷人 / 宝妈/小白

其实直播就相当于面试，粉丝就是面试官

3 套路

① 没人：自导自演

② 人少：价值输出、共鸣话题

③ 人多：讲故事

④ 掉人：抛话题、讲重点

4 想让直播间有人： 有趣、有特点、有情感

第26篇
新人提升创意篇

◎ 新人首播第一天播多久

◎ 播后复盘看数据

◎ 抖音赛马机制规则

◎ 新人如何过风控

◎ 六大雷区（新人注意）

◎ 视频三大考核+直播间五大数据

第160讲 新人首播第一天播多久

（1）不能听别人说——每个账号都不同；

（2）一直进人——不下播；

（3）没有人、不进人——转场，换时间开；

（4）边播边看数据——拉场观。

适合新人开播的时段

①早上：5：00—9：00　　②中午：11：00—1：30

③下午：13：00—18：00　　④晚间：22：00—1：00

第161讲 播后复盘看数据

新功能“抖音灵机”

① 实时数据；　　② 活跃观众动态（下播 1 小时内）；

③ 违规封禁提醒；　　④ 是否被举报。

查找路径

首页→放大镜（搜索）→抖音灵机→查看复盘每场前 10 分钟推流，占据整场直播 90% 以上。

（1）前 10 分钟有人（场观多于 200 人），不要低于 2 小时下播，每天卡点播，前 7 天不断播。

（2）前 10 分钟没人（场观少于 100 人），直播推荐没打开，换时间播（转场）。

空开：顶掉上一场的垃圾数据

老号回流：空开 5~6 场；

新号起号：空开 3~5 场。

第162讲 抖音赛马机制规则

你的直播间属于哪个？

大家来看右面这张图，代表了你的直播间。

第一个是个位数直播间。

中间的这个是两位数直播间。

最右边的是一个百人千人直播间。

那为什么有些人开了播是个位数，有些人能够做到百人千人直播间呢？

这是由什么决定的呢？

我们再看右面第二张图：

现在看到的这张图，就代表了你的直播间。

这匹马代表了你的直播间能有多少人。所有的直播间只要一开播，这匹马就开始赛跑，你的马跑得快，直播间人就多，你的马跑得慢，直播间人就少。

那这匹马跑得快慢是由什么决定的呢？

第一条腿叫作停留时间；　　第二条腿叫作新增关注；

第三条腿叫作新增付费；　　第四条腿叫作新增互动。

第163讲 新人如何过风控

什么是风控——风控就是风险控制的意思

你是一个新号，你将来在抖音做什么，它还不清楚，它会用一段时间管控你，一般这期间直播间的流量不高，或直播推荐为 0，当你做了正确的风控后，它认为你不是有害平台的用户，那么你就会有源源不断的流量进入。

那么如何过风控一共有以下 6 点

（1）坚持开播→固定时间时长；

（2）发优质作品→切忌违规；

（3）在我们刚开播标签不精准时，官方会让机器人来检测我们发布的内容有无违规，同时也是帮助我们有一定在线人气，所以我的内容要优质；

（4）心态一定要好，因为风控时，我们流量很少，一定要有耐心；

（5）做好转化 + 留存；

（6）降同城：

① 开播冷启动的可以直接关闭；

② 话术降同城；

③ 画面、道具、场景；

④ 发福袋，写同城老乡留步有惊喜。

第164讲 六大雷区（新人注意）

一、主页雷区

（1）背景：不能用公司、店面图。

（2）头像：不要用模糊照片，最好是个人高清图，有利于打造个人IP。

（3）昵称：拒绝用地址+店名。

（4）抖音号：不要用手机号或字母。

（5）个人简介：不要留联系方式，尤其新号。

二、朋友圈误区

（1）有很多家人把抖音玩成了朋友圈，这是非常错误的。

（2）抖音是向外的，朋友圈是向内的，机制不同。

（3）抖音是公域流量，朋友圈是私域流量。

三、搬运雷区

拒绝搬运，抖音有查重机制，任何一个上传到抖音平台的作品，第一时间要进行画面消重处理。一旦发现违规就会清除视频或封禁账号。

四、频繁操作

在抖音平台只要频次明显超出正常用户就容易被识别为异常，影响本账号的推荐。

五、敏感词

抖音是一个正能量平台，作品在播放中出现违禁词、敏感词，都会影响作品以及直播间推荐，流量、上热门都会受到影响。

六、内容不适

凡是涉及时事政治、违法违纪、不符合公序良俗的行为等，都会被限制。

第165讲 视频三大考核+直播间五大数据

一、视频三大考核

（1）完播率——吸人眼球的开头，精彩的结尾；

（2）互动率——注意抛下话题引导评论互动；

（3）转粉率——提醒关注，有更多价值。

二、直播间五大数据

1. 进入率

（1）提高清晰度；　　（2）直播画面有看点；　　（3）主播的状态。

2. 互动率

（1）5% 及格，10% 优秀；

（2）多用提问式互动话术；

（3）互动话术形成口头禅，多引导。

3. 转粉率

（1）3% 合格，5% 优秀；　　（2）有利他思维，有价值提供给粉丝。

4. 付费率

（1）5% 合格，10% 优秀；　　（2）有利于思维，学会讲灯牌的好处。

5. 停留时长

（1）1 分钟有效，3 分钟及格，10 分钟优秀；

（2）有价值、有内容；

（3）学会抛话题下“ 钩子 ”。

第27篇
唱歌直播篇

◎ 唱歌开播准备

◎ 唱歌开场上人话术

◎ 唱歌首播大纲

◎ 唱歌直播步骤演示

◎ 唱歌直播间必备上人歌单

◎ 唱歌直播＋带货逐字稿全流程

第166讲 唱歌开播准备

一、账号准备

1. 先定位准备做哪个类型的直播间（比如：唱歌、带货）。

2. 设置主页五件套。

（1）头像：尽量是自己的，如果是唱歌的主播，头像尽量拍自己带耳机的。

（2）昵称：2~3 个字，好记，好念，好搜。名字后面最好带个麦克风。

（3）抖音号：可以不改。

（4）背景：不可以有广告。

（5）个人简介：模仿同类型主播就可以。

二、设备的准备

手机、耳机线、支架、充电宝、散热器、镜子、转接头、补光灯、彩灯。

三、涨粉丝（三个集中）

（1）集中学习（选择和自己风格差不多的至少 2 个直播间学习）；

（2）集中曝光（选择和自己风格差不多的至少 2 个直播间学习）；

（3）集中涨粉（选择和自己风格差不多的至少 2 个直播间涨粉）。

四、开播前试播

一定要试播：①试播找镜头感；　②学习点歌、唱歌。

（1）试播用家人的抖音号、用家人的身份证认证。

（2）不用涨粉，也不用修改主页五件套，只是进直播间找感觉，练歌，熟悉直播间各项功能。

第167讲 唱歌开场上人话术

一、强调首播 + 介绍

欢迎大家来到我的直播间，今天是我人生中的第一场直播，此时此刻我非常紧张和激动，欢迎大家来见证我的首播。我叫 ××，来自 ××，是一个全职带娃 2 年的宝妈，有没有我的老乡啊？有的打“ 有 ”。直播间的朋友，你们都来自哪里？可以把你们美丽的城市打出来，让大家都认识一下。今天是我第一次开播，首播的第一天，我就是用一部手机一根耳机线，没有声卡，没有音响，我就是对着一面镜子开启了我的首播，接下来给大家分享我的开场曲！

二、衔接话术塑造价值

欢迎大家来到我的直播间，我是一个唱歌创业主播，大家有没有刷到过这个类型的直播间？就是对口型 + 唱歌，分享一下开播经验，只要直播间有人就有收入。前几天刷到我的一个老乡就是唱了一首 ×× 歌，直播间突破 300 人在线，我全程见证了她开播的过程，她一场直播赚了 ×× 钱，她把她用的 4 个方法都告诉了我，所以今天我也用这 4 个简单的方法开启我的首播。

三、稳人转化

现在唱歌主播非常简单，不需要背话术背大纲，不需要新奇特，只要对口型就可以开播，只要一根耳机线、一部手机、一面镜子就可以直播了，应用抖音自带的混响功能就可以开播，普通人都可以来开直播了。接下来就给大家表演难度较大的一首歌，大家可以一起见证一下，我再唱一首能否突破 ×× 人。（稳人，给一个期待感）

第168讲 唱歌首播大纲

一、开场暖场（向别人介绍自己直播间是干啥的）

（1）打开直播间点 100 个赞激活直播间 + 自我介绍，边说边点歌。刚刚开播就上到这么多人了！大家好，我叫 ××，是一个对口型＋经验分享带货主播，今天是我的首播。欢迎走进直播间的家人们，接下来开始我们首播开场曲，看看能突破多少人。

（2）第一首歌唱一半时，穿插话术：天啊，上人太快了吧！半首歌的时间，没想到上了这么多人。我偶然一次刷到一个农村宝妈的直播间，随便唱一唱、跳一跳，直播间千人在线，收入客观，我在她直播间学了 4 天，今天也开启了我的首播，也想来试试。有没有刚来的，刚来的打“刚来”，我再给大家来一首。（这句是重点——铺垫）

二、给歌曲塑造价值（给别人一个停留的理由）

（1）接下来这首歌，我见证 ×× 首播上人特别快，迎来 260 人急速流量，上到 400 人。今天我也来试试看，你们想不想听，想的打“想”。看看我今天能不能突破 ×× 人。

（2）接下来这首歌，是我们用来拉人稳人必唱的歌曲。你们直播间有没有推流慢、人进来留不住的，我们现在用这首歌去试试，看看这首歌能不能接住现在的流量。

（3）第二首歌曲结束，穿插话题（戳痛点，引共鸣，抛话题稳人）。

有宝妈过着手心向上的生活的吗？有上班族，工资低，生活看不到希望的吗？我们可以用业余时间，免费学、免费听，来改变生活现状，我就开播前做了三个准备，搭建了个快流量的账号，今天就做到了这么多人。

（4）第三首歌结束。

天啊，才唱三首歌就这么多人了，简单不简单？你们知道我现在挣了多少钱吗？（抛结果）一个耳机、一个镜子，对对口型，就这么简单来赚生活费了！

大家想不想学？想学的打“想学”，如果你们是新人，学 3~5 天，来我直播间蹲几天，涨 300~500 左右的粉丝也就可以了。粉丝不够的打“不够”，给打不够的家人认识一下。（要数据）

戳痛点

（1）你们现在是不是想开播，不知道从哪开始；

（2）你们开播了是不是没有流量；

（3）你跳的满身大汗，都没有人，就算来了也留不住人。

你们知道问题出在哪里吗？

（5）第四首歌。

接下来这首歌，是我们想要留人、稳人必须会的一首歌。

（6）第五首歌（说之前话术）。

今天就唱完五首歌曲（看情况），全程和大家分享我的首播是怎么做的。

三、开播前四个准备

（1）活跃账号，给账号贴标签（去同频直播间点赞评论亮灯牌）；

（2）粉丝（去同频主播的直播间交精准直播粉）；

（3）大纲；

（4）试播。

四、首播破百的四个核心

（1）曝光；（2）首播；（3）画面；（4）状态。

第169讲 唱歌直播步骤演示

第170讲 唱歌直播间必备上人歌单

话术：欢迎所有家人们，来到××的直播间，我刚刚打开直播间、刚刚上线，今天是我首播的第一天，一部手机、一根耳机线，轻松来抖音开直播创业了！我可以，你们都可以，接下来给大家演示一遍！

★《野花香》
★《三月里的小雨》
★《站在草原望北京》
★《火火的姑娘》
★《闯天涯》
★《揣着梦想走》
★《爱火》
★《除了你》
★《大花轿》
★《西海情歌》
★《幸福火辣辣》
★《红颜知己》
★《旧梦》
★《太想念》
★《姐就是女王》
★《夜夜夜漫长》
★《狂浪》
★《干就得了》
★《桃花运》
★《红尘》
★《一万个舍不得》
★《一半疯了一半算了》
★《原来你也在这里》
★《当爱在靠近》

第171讲 唱歌直播+带货逐字稿全流程

第一步：开播唱歌拉流量

开始唱歌表演，眼神，状态，投入感。

第二步：教别人怎么做这种直播

（用另外一个手机展示流程）

（1）点开+号，开直播，镜头选择翻转，开始直播（对着镜子直播，可以穿插卖镜子）。

（2）直播间下面小风车点开，选择K歌，歌词、原唱打开。

（3）K歌模式，点歌后点击调音按钮，选择演唱会模式，对口型，人声音量选择100，伴奏音量90，真唱人声100，伴奏60。

讲完操作步骤给大家演示一遍唱歌表演，穿插三段话术铺垫。下面给大家分享三段话。

第三步：分享话术

三段话术卡黄线拉流量（歌曲空白，换歌过程也要穿插给大家分享）。

第一段：首播。

欢迎所有的家人们来到××的直播间，刚刚开播，刚刚上线，今天是我的首播呀，所有来到直播间的家人们，大家稍作停留，今天是我人生中的第一场直播，第一天呀，刚刚打开直播间。

和粉丝分享话术：一定要多去强调首播，以及刚刚打开直播间，因为首播自带流量，首播能够留住人，直播间有留存就会有推流，你说你刚刚打开直播间，说首播，别人可能就会想看你怎么样去接流量，首播是怎么做的，会引发首播是怎么做的，会引发别人的好奇心，进一步留住别人，做直播就是引发别人的好奇心，留住人就会有推流。

家人们，你们首先要明白，为什么要说首播和刚刚打开直播间，我们做这种类型的直播，第一个就是为了通过表演留住人，留住人就会有推流，所以咱们在表演的过程中，尽量嘴型要对得准一点，状态投入一点，演绎得精彩一点。

第二个就是咱们的话术，等一下我会跟大家分享我的三段话术中的第二段、第三段。然后就是比如说今天我用的这个氛围灯、闪光灯，都是直播间的画面留人，直播间是先有画面 ，眼睛在前，耳朵在后，所以说你们有需要买补光灯的，可以去买，在下方的小黄车 ×× 链接。

（这个时候可以穿插去卖氛围灯）

第二段：收入。

所以，来到直播间的家人们，就这么简单，一部手机、一个穿衣镜，你们知道吗？我的老乡就通过这种简单的方式对对口型，每天直播间四五千人，能够赚不少钱，所以今天我也来开播了。

如果自己赚到钱就说自己的结果

家人们，我真的没有想到就这么简单，一部手机、一根耳机线，我就每天在直播间对对口型，你们觉得简单吗？觉得简单的打个“ 简单 ”，昨天我第一天开播，就赚了 ×× 元钱，第二天赚到 ×× 元钱。（把自己的收入说出来就可以了）

去和粉丝分享，为什么要说收入

做抖音就是一场博弈，所有的人都想赚钱，所以我们呢，一定要去穿插话术，怎样留住人，就是要多去聊跟钱有关的话题，以及自己取得的结果。以及自己取得的结果。所以说，你把人性抓住了，留住了人，就能够产生叠加推流，直播间人气就会越做越好。

第三段：讲价值。

所有来到直播间的家人们，刚刚我跟大家讲到，我这个赛道就一部手机、一根耳机线，就可以在抖音平台创业了，真的很简单！音效是抖音自带的效果，所以说咱们人人都可以来做，只要有嘴巴就可以来做，等一下我演唱完歌曲之后呢，我就会教大家怎么做我这种直播，以及咱们要说哪三段话术去拉流量，直播间就会有人，有人就可以来抖音上赚钱，一分钟之后，我会教大家。我这个直播间就是唱歌+分享的直播间，等一下分享我的全套直播流程，以及咱们普通人来抖音上做我这种类型直播的经验方法，大家可以稍作停留。

和粉丝分享为什么讲价值

前面，我们讲了首播和刚刚打开直播间如何来留人，又跟大家讲了做这种直播的收入，讲了赚钱的话题，那大家想来赚钱的怎么进一步去留住人呢？一定要告诉他我能给你带来什么价值。我今天就是一个唱歌+分享怎么做这种类型的主播的直播间，所以咱们一定要把自己的价值传递出去，进一步去稳人，直播间一定是前拉后稳，前面通过表演去拉流量，后面通过分享价值去把人稳住。

第28篇
抖音小店和实体商家篇

- ◎ 如何开通抖音小店
- ◎ 如何上架卖自己的产品
- ◎ 商家如何入驻精选联盟
- ◎ 怎么找达人帮助带货推广产品
- ◎ 商品怎么投随心推广告
- ◎ 商品怎么买流量投千川
- ◎ 如何设置主播优惠券
- ◎ 如何入住抖音来客
- ◎ 实体店如何同城获客

第172讲 如何开通抖音小店

第173章 如何上架卖自己的产品

（1）手机应用市场搜索“抖店”，下载并安装。

（2）用开通抖店绑定的手机号登录。

（3）登录后，点击发布商品，如下图（左图）所示。

（4）上传商品主图，填写商品标题，上传主图及填写标题后将自动识别类目，然后点击提交并上架即可，如下图（右图）所示。

左图

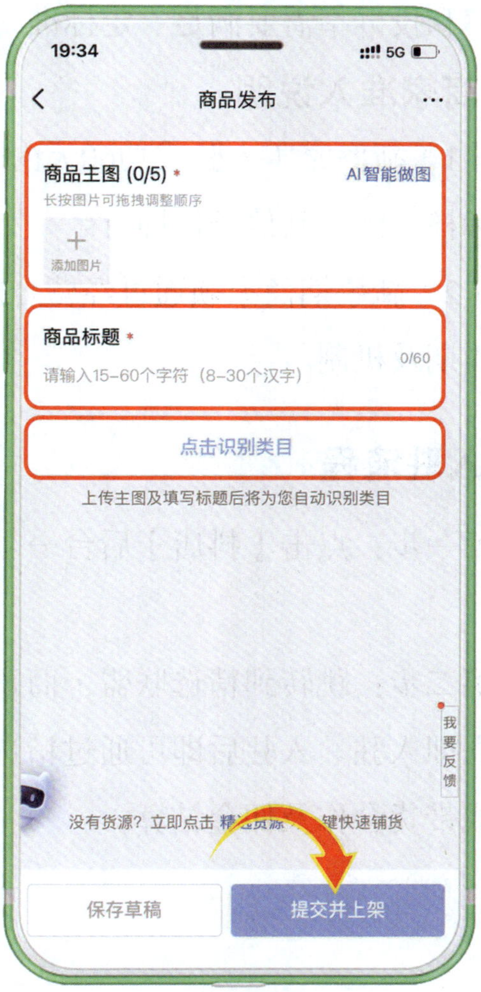

右图

第174讲 商家如何入驻精选联盟

一、入驻条件

1. 商家体验分

（1）新商家：入驻成功60天内的商家且无体验分时，暂不做考核。

（2）老商家：店铺正常营业且店铺体验分高于（含）70分。

2. 商品标准

商家在精选联盟平台添加推广的商品（创建推广计划的商品），品质退货率和投诉率需要满足一定标准。

3. 新商家准入说明

（1）新商家（入驻成功60天内的商家）且无体验分时，暂不对体验分进行考核，满足其他条件即可。

（2）新手期商家须通过经营合规动态考核，满足优质新手商家标准、考核周期及机制。

二、入驻流程

第一步：点击【抖店】后台→页面顶部【精选联盟】→点击【立即开通】。

第二步：跳转到精选联盟·商家版，点击左侧“我已阅读并同意”→点击立即入驻。入驻后即可通过精选联盟平台实现商品推广，寻找意向达人达成带货合作及佣金结算。

第175讲 怎么找达人帮助带货推广产品

可以通过以下渠道找达人帮带货推广商品。

1. 绑定授权号

抖店后台的店铺→店铺管理→经营账号管理→店铺授权账号，可以绑定达人的抖音号、头条号等，建立与达人的合作。

2. 达人广场

在抖店后台的精选联盟→找合作→达人合作→达人广场中，可以搜索或筛选符合商品定位的达人，主动找到合适的达人与之合作。

3. 达人招商

在抖店后台的精选联盟→找合作→达人合作→达人招商中，可以按照招商的行业、达人等级、粉丝总数筛选，精准锁定有招商需求的达人，主动报名即可。

4. 团长活动

在抖店后台的精选联盟→找合作→团长合作→团长招商中，可以报名团长活动，团长审核通过，即可与机构建联。也可以在达人广场中找到合适的直播达人或者视频达人，并通过主页发送邀约进行合作。

第176讲 商品怎么投随心推广告

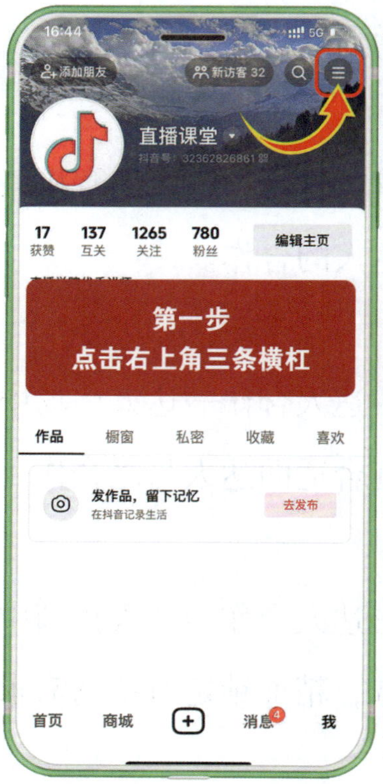

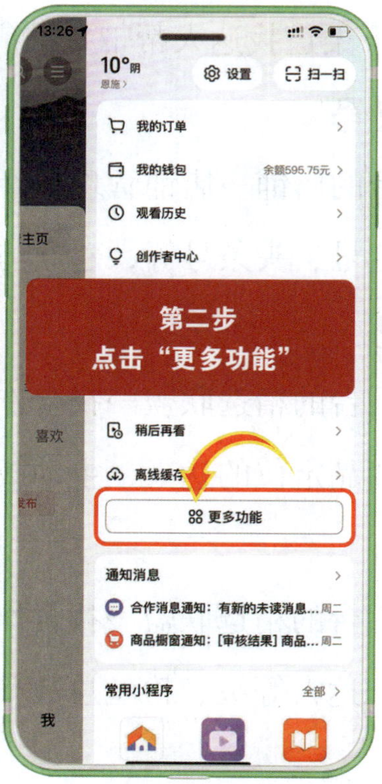

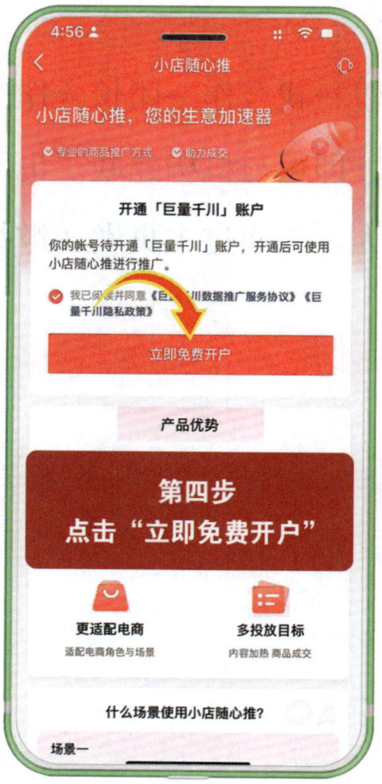

第177讲 商品怎么买流量投千川

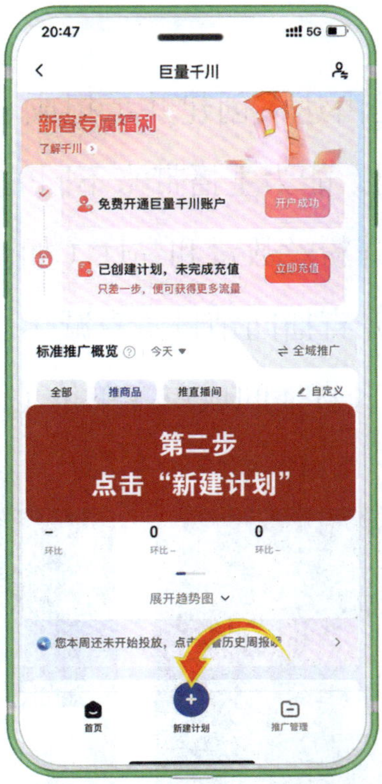

第178章 如何设置主播优惠券

1.功能描述

主播券是由达人创建并承担成本的优惠券，根据主播券的形式和领取用户限制不同，能为主播带来不同的收益，包括但不限于：

（1）提升粉丝数量和黏性（如：仅限我的粉丝可领）。

（2）提升直播间销量（直减）。

（3） 提升直播间成单客单价（满减）。

2.操作方式

第一步，电脑端打开巨量百应后台，进入营销→达人券管理；

第二步，为营销资金进行充值：（资金池中的金额可随时提现，未核销的券面额将退回资金池）；

第三步，新建达人券：百应→【营销】→【达人券管理】→【新建达人券】。

注：当前L2及以上等级达人可使用。

第179讲 如何入住抖音来客

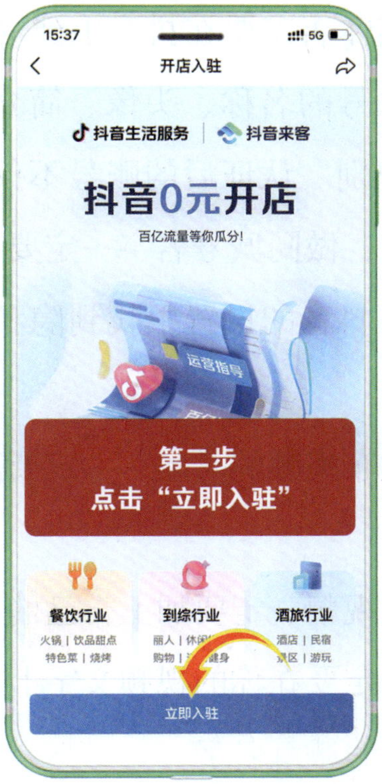

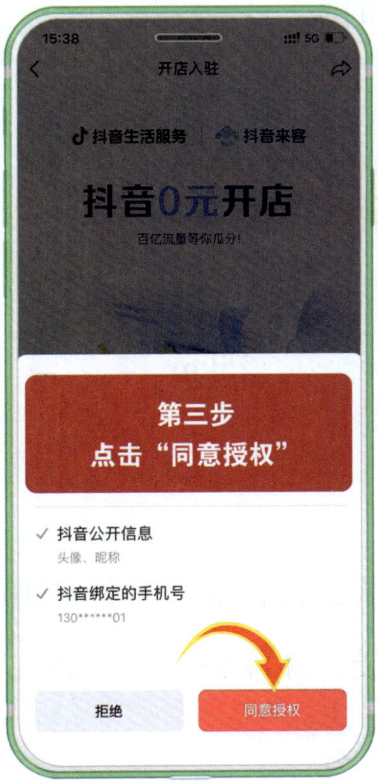

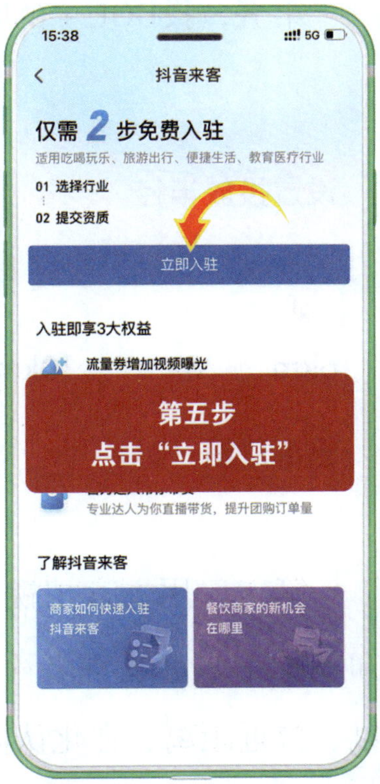

第180讲 实体店如何同城获客

首先，实体店需要在抖音上建立自己的官方账号，并通过执照认证增加可信度。账号的名称、头像、简介等应与实体店品牌保持一致，以便用户能够快速识别。认证后的账号不仅能提高用户信任度，还能享受更多平台资源和服务，做同城号名字一定要加上你所在地的城区名。

第一，在抖音的设置中找到隐私设置，然后把同城展示调整为开启状态。

第二，发布视频的时候，一定要写3个#号+话题：#城市　#城市+行业#城市+店名

第三，发视频一定要加上自己的门店位置 。

第四，一定要在你的视频文字上多次写出城市名，比如：标题里、字幕里，多出现你的城市名字。

第五，投DOU＋的时候，位置一定要选择6千米范围。

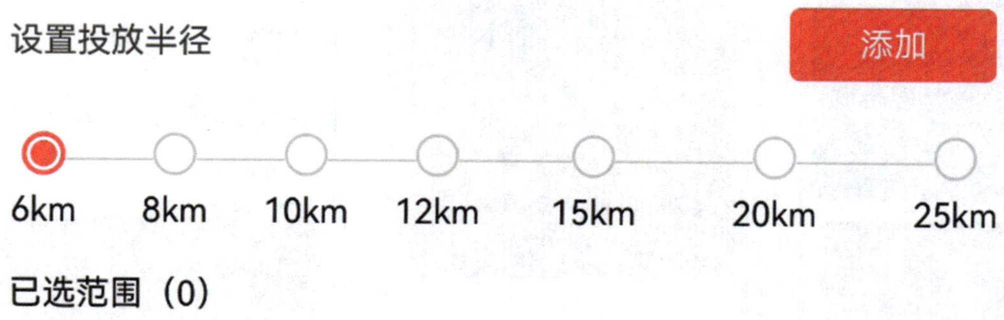

第六，用方言拍视频，方言就是同城内容产品的语言特效，擅长在不知不觉中，迅速将语音、视频等信息打包植入你脑袋。加深记忆、渲染气氛、拉近距离、强化认同是方言的主要功效。

第29篇
直播违规篇

◎ 抖音直播违规类型

◎ 电商直播带货违规类型

◎ 直播「违规通知」视频如何查看

◎ 视频发布之前如何检测是否违规

◎ 违规如何申诉、考试和缴纳违约金替代处罚

◎ 直播间如何开启全民k歌

◎ 云台走路直播逐字稿

第181讲 抖音直播违规类型

一、重大违规行为

发布重大违规内容，包括但不限于：

（1）反对宪法确定的基本原则；

（2）危害国家统一、主权和领土完整；

（3）泄露国家秘密、危害国家安全或者损害国家荣誉和利益；

（4）煽动民族仇恨、民族歧视，破坏民族团结，或者侵害民族风俗、习惯；

（5）破坏国家宗教政策，宣扬邪教、迷信；

（6）散布谣言，扰乱社会秩序，破坏社会稳定；

（7）宣扬赌博、暴力、凶杀、恐怖、色情、欺诈或者教唆犯罪；

（8）煽动非法集会、结社、游行、示威，聚众扰乱社会秩序；

（9）发布含有法律、行政法规和国家规定禁止的其他内容。

二、严重虚假宣传行为

违规类型（包括但不限于）	违规说明
功效严重虚假宣传	宣传售卖商品对重大疾病有效果（含暗示宣传，常见重大疾病如恶性肿瘤、尿毒症、瘫痪等），属于重大疾病的功效类严重虚假宣传；（注：重大疾病以国家规定36种重大疾病作为参考）
材质严重虚假宣传	涉及贵价珠宝、钻石，金银饰品（首饰、手表等），创作者内容中宣传的材质与商详页不一致（含商详页未提及无法核实），或与消费者实收商品材质不一致；
承诺诱骗	宣传承诺用户下单购买/互动点击（进群、评论、扫码、站外点击）等行为，可以获得高额收益/稀缺资源（商品保值增值、低价购买或者免费得到高价值商品等）；
文物严重虚假宣传	宣传售卖假冒字画/古钱币/古陶瓷等古董、文物；
宣传售卖不一致	宣传售卖的商品，与挂车商品、或者与消费者实收商品，存在明显不一致；不一致包含但不限于：类型、款式、规格、数量等。

第182讲 电商直播带货违规类型

一、虚假宣传

包括但不限于以下类型：

专利/荣誉/销量/研发单位/效果指数虚假、虚假宣传跨境或免税、效果虚假、品种产地虚假、年代/工艺虚假、功效虚假、宣传暗示、大小/重量/数量虚假、虚假公益宣传、预售商品服务虚假、物流虚假、售后服务不符、承诺未履约、款式/颜色等商品信息不一致、钱币虚假宣传、材质虚假、使用广告禁极限词、过度提高预期、效果保证、品质虚假、瑕疵描述不符、宣传售卖不一致、功效欺诈、材质欺诈、承诺诱骗欺诈、文物欺诈。

二、违规营销

包括但不限于以下类型：

不规范秒杀、违规买赠、频繁上下架、快速过款、活动信息未在商详展示、无实物违规带货、不平等交易、不正当竞争、诱骗秒杀、活动信息与实际或展示不符、特殊身份带货、不当承诺诱骗、虚构赠送、抢拍、诱导互动、虚构营销噱头、背景使用不规范、违规估价鉴宝、商品不上架、库存描述虚假、商品不上库存、虚假清仓、设置特殊购买条件、未使用平台工具。

三、经营风险

包括但不限于以下类型：

盗播、录播或挂机直播、大量推广劣质商家商品、营销人设带货、无资质身份带货、无资质营销、违规招募主播、违反平台报备要求、商达合作未按约定履约、分享违禁商品/信息、诱导第三方、不当获取/使用信息。

第183讲 直播“违规通知”如何查看

一、巨量百应达人工作台

创作者可登录巨量百应达人工作台（https://buyin.douyinec.com/daren），通过以下方式查看“违规通知”。

（1）违规通知弹窗

创作者登录后，直播过程中收到的“违规通知”会实时自动以弹窗形式进行提醒，点击“查看违规详情”可了解具体违规原因。

（2）违规管理

在“违规管理”处，点击“账号违规管理”，可查看账号历史违规情况，及每次违规的详情。

二、抖音App

创作者在抖音手机端可通过以下方式查看“违规通知”：

（1）直播页面，创作者在直播过程中，违规处罚时会推送违规弹窗提醒，可根据弹窗提示了解违规详情。

（2）消息中心，直播中出现的违规情况会通过站内信形式推送至消息中心查看。

查看路径：抖音首页，点击左上角三条杠【通知消息】按钮→找到并点击【直播通知】→找到你的违规判罚通知。

（3）商品橱窗-违规管理，在“电商带货”的“违规管理”处，可查看账号历史违规情况，及每次违规的详情。

查看路径：抖音首页，点击【我】按钮→点击【电商带货】→在【全部工具】中找到并点击【违规管理】→查看违规详情。

第184讲 视频发布之前如何检测是否违规

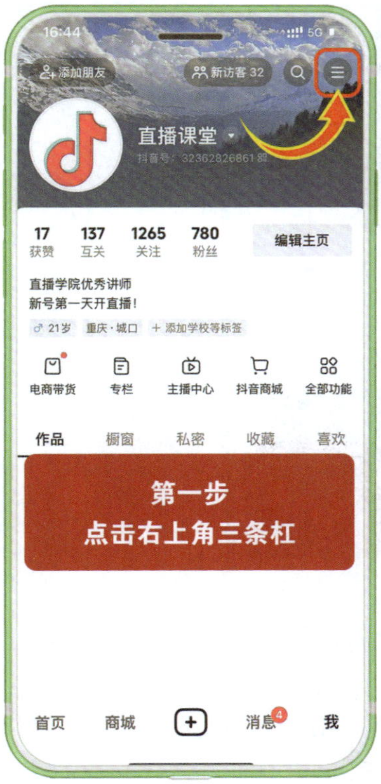

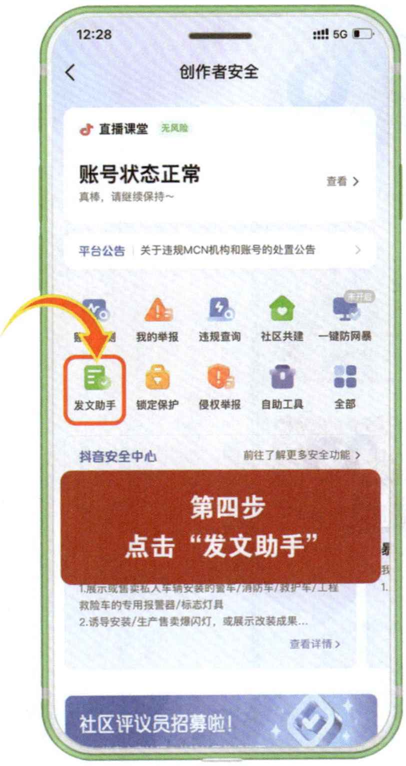

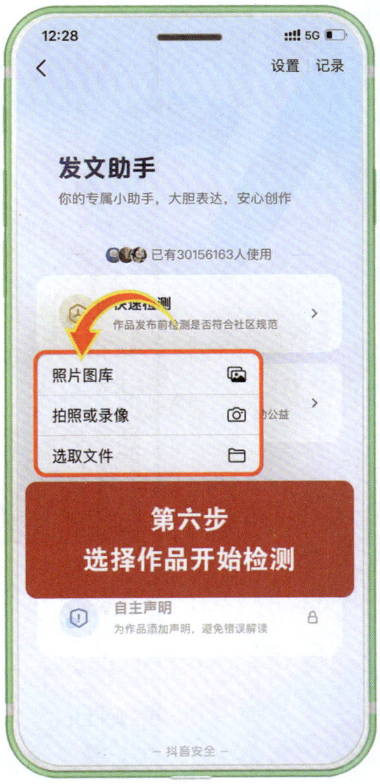

第185讲 违规如何申诉、考试和缴纳违约金替代处罚

第186讲 直播间如何开启全民K歌

适合人群：宝爸、宝妈、上班族，爱唱歌 。

优势：一部手机，50个粉丝，不露脸。

一、满足的条件：

（1）抖音粉丝大于等于 50个；

（2）年满18岁（需要实名认证）；

（3）手机下载好抖音和全民K歌；

（4）抖音近期没有违规记录。

二、设备方面：

准备高质量的话筒、耳机和摄像头，确保手机电量充足，并选择一个安静且合适的直播环境，如果出镜可适当布置背景灯提升视觉效果。

三、开播前设置：安卓手机“四开一关”（苹果手机不用看）

（1）打开手机→设置→应用与服务→应用管理→抖音→相机→打开允许→麦克风→打开允许

（2）打开手机→设置→应用与服务→应用管理→全民K歌→相机→打开允许→麦克风→打开允许

（3） 打开手机设置，在手机设置最上方搜索栏搜“无障碍”点击进去→已安装服务→抖音→开关打开。→音频→单声道音频→开关关闭。

四、开播前注意：

（1）手机打开飞行模式或者打开勿扰模式；

（2） 显示与亮度(休眠或息屏)选最长时间。

具体操作：

创建直播间：打开抖音，点击底部“+”，选择“开直播”，点“手游”输入直播间标题和封面信息，在“选择直播内容”中选“其他”“其他非游戏直播”名称填写“全民K歌”。

接下来画面比例选择“竖屏游戏”点下“原始”最后点击“开始手游直播”点击“允许”即可。

再打开全民K歌，点击最下面一排中间的话筒按钮，最上方搜索你要播放的歌曲点击“K歌”“开始唱歌”。

声音的设置：

插上耳机调音：人声音量80%~100%，伴奏音量30%~50%，外放音量70%。

【提示】以上只是一个居中调法，实际声音根据音乐伴奏和人声的大小来调试。

第187讲 云台走路直播逐字稿

一、开场白（进人）

欢迎大家走进我的直播间，今天是我的首播。刚刚打开直播间，我从来没开过直播，有点紧张。我叫××，××多岁了。我是一个普普通通的农村妇女，有没有××的老乡？大家都是来自哪里的？可以打出来我们互相认识一下，我没有工作没有文化。没想到我也能来开直播，我也是听人家说抖音上有一个走路主播，不用唱不用跳，也不要才艺，就这样简简单单在直播间走路就可以了，直播间有人就有收入，有人就能挣钱。我看到一个60多岁的姐姐每天在她家里走路，就能有收入，我特别羡慕她。我性格内向没有口才，记性也差。这种直播简单，不用费脑子刚好适合我，所以今天我就鼓足勇气来开播了，感谢你们来见证我的首播。

二、准备走路说的话（引好奇）

我的天哪，还没开始走路就上到这么多人，我就激活了一下直播间，说了一段开场要人的话，没想到直播间上人上得好快呀，他们说进人了就可以开始走路了，我把音乐声音调一下马上开始走路。你们帮我听一下有没有音乐，有的打“有”。那我就开始走了，你们可以留下来看一下我这种直播简不简单，适不适合你！

三、边走路边说话（留人）

今天是我的首播，首播的第一天，没想到刚开播就上到这么多人，特别紧张，手心都在冒汗。姐妹们你们知道吗，我之前一直不敢来开播，害怕开直播，恐播！害怕自己不会说不会讲害怕直播间不进人，害怕打开直播是个位数，也害怕亲戚朋友刷到笑话我。有没有和我一样的朋友，如果有的打个“有”，我也趴了好多的直播间，学习了半年，每天都看别人开直播，但是自己就是不敢干，有没有和我一样的朋友（引共鸣）。

四、打标签突破个位数

喊名字：××我看到你了，刚刚打开直播间，你就刷到我了，咱们太有缘份了。

利他思维：我是新人首播，我给你点关注了，以后就是朋友了，你如果开播，到时候去你直播间帮你亮灯牌打标签，帮你点赞打字，我们一起在抖音路上加油好吗?

五、产生互动、抛话题

（1）我是走路主播，你知道这种主播吗?我觉得简单才来干的。

（2）你开播了没有，我开播前紧张害怕，不知道你恐播不恐播。

六、完成数据（打标签）

（1）如果他给你亮了灯牌，一定要感谢一下，感谢给我打标签。

（2）如果没有亮，可以引导说：亲爱的，能不能帮我回个关，今天是我的首播，正在打标签呢，你什么时候首播，可以把时间打出来，我到时候第一时间去你直播间给你打标签亮灯牌。

首播第一天三个关键点

强调开播第一天，是直播亮点！

人少有问必答，人多自问自答！

好的状态和画面（静态、动态）！

第30篇
口播云台新增篇

◎ 如何参与全民任务

◎ 如何成为抖音玩法达人

◎ 如何参与种草激励计划

◎ 如何玩小游戏获收益

◎ 如何在评论区带货

◎ 口播赛道

◎ 云台赛道

◎ 手机绿幕直播

第188讲 如何参与全民任务

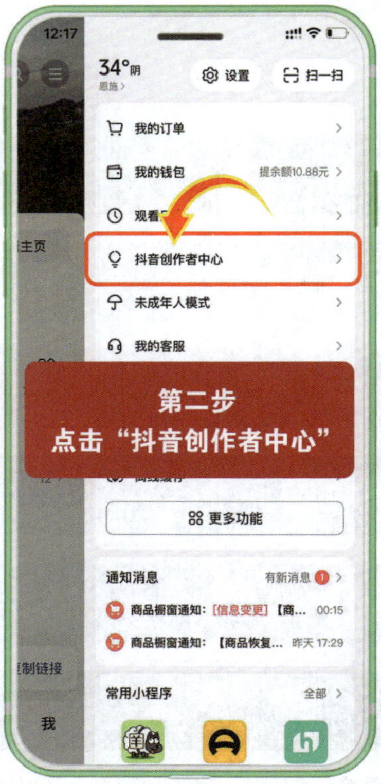

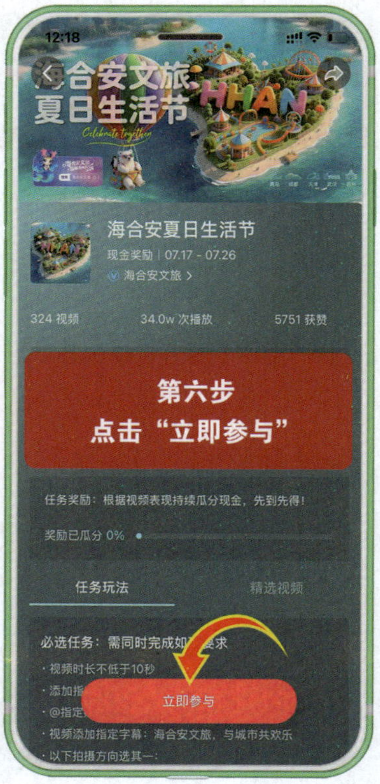

第189讲 如何成为抖音玩法达人

第190讲 如何参与种草激励计划

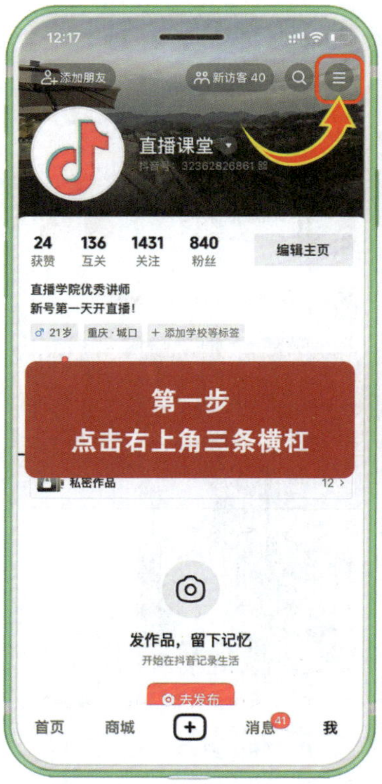

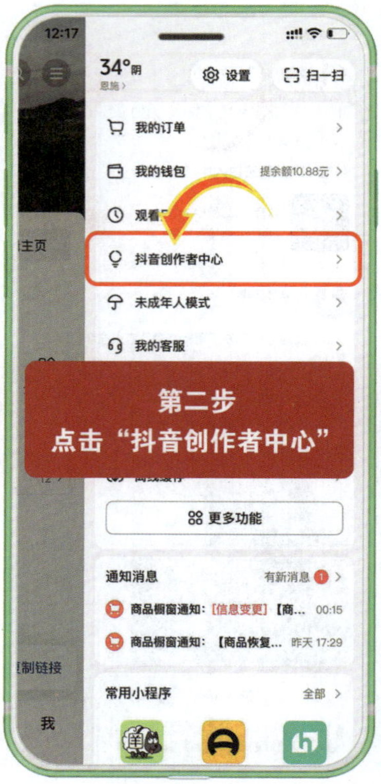

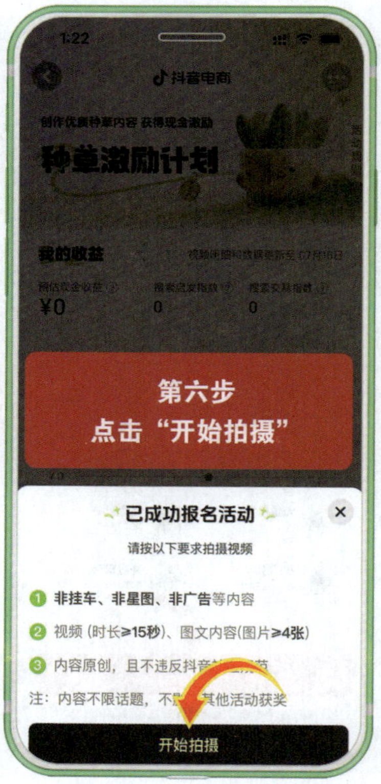

第191讲 如何玩小游戏获收益

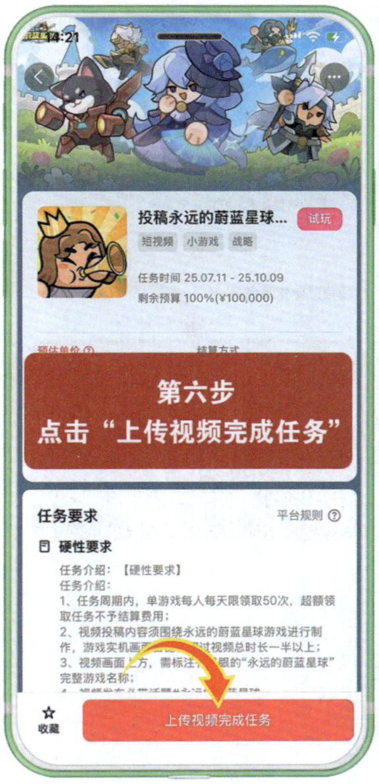

第192讲 如何在评论区带货

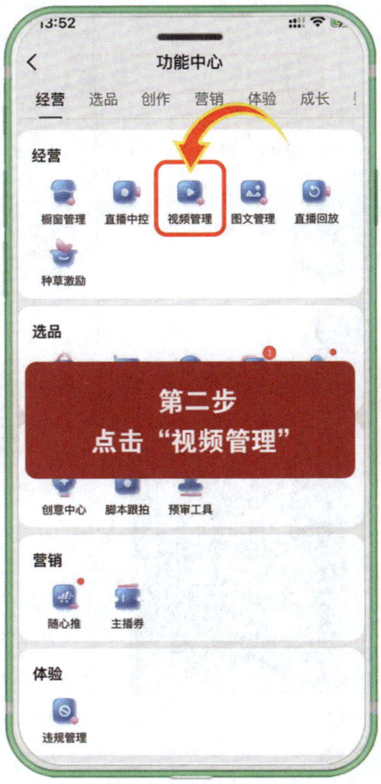

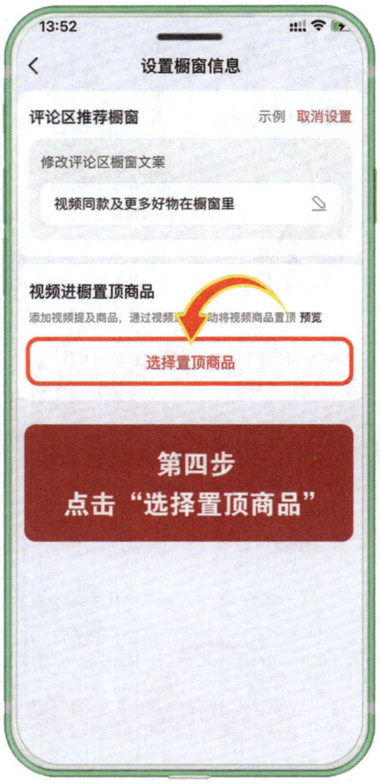

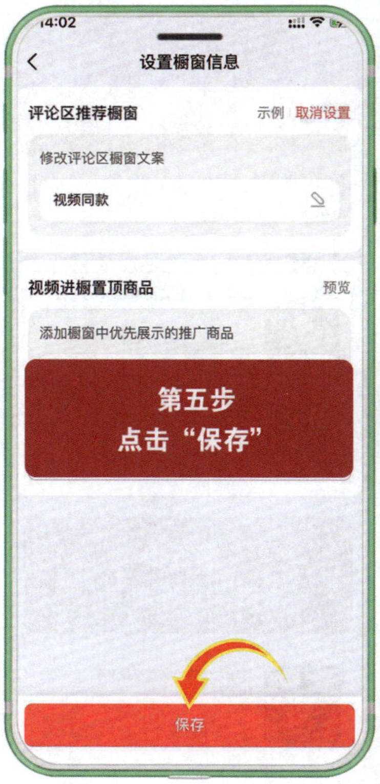

第193讲 口播赛道

一、什么是口播赛道

1.什么是口播?

口播，顾名思义是指真人出镜面对镜头，用口述的形式传达你要表达的信息，分享知识、分享商品、分享经验等。

2.为什么要选择做口播?

因为做口播的拍摄和剪辑较为简单，每天不需要花费大量时间拍摄、剪辑，省下的时间可以用来学习和提升自己。做口播的成本低，不管文化水平高低都可以做，也不需要团队，一个人、一部手机，找一个你喜欢的环境，想好要拍什么样的内容就可以。

3.为什么做口播要真人出镜?

因为要通过作品来树立人设，做过自媒体的人都知道“人设”有多重要，大家对你产生了信任，后期才能变现。很多人就是转不过这个弯，当下自媒体竞争压力如此之大，你不露脸，大家怎么在这么多作品中认识你、关注你?

4.口播能参加中视频计划吗?

可以。只需要手机横屏进行拍摄，把视频比例设置为16:9，视频时间大于1分钟即可参与中视频计划。

二、口播怎么找文案

方法一：

打开抖音→主页点放大镜→搜索和你相关的行业，比如：知识分享干货。如果你是做情感类口播，搜索“情感”，选择你喜欢的视频，用笔记录下同行的文案后，就可以自行对文案进行修改。

方法二：

某些音乐软件的评论区里有很多大神，可以去借鉴评论区的评论。如果你做的是情感类，就可以搜索较为伤感的歌曲。

方法三：

在小红书APP搜索情感文案，会有很多笔记，可以根据自己的类目去借鉴。方法有很多，不要全部抄袭他人的文案，可以加一些自己的想法进去，这样就能做出一条属于你自己的爆款文案。

三、口播视频怎么拍摄

我们需要用到“轻抖”“剪映”来实现文案悬浮在手机屏幕上方的效果，方便我们照着读，对记不住文案的人提供帮助。（在“轻抖”、“剪映”使用此功能可能需要开通会员，如不需要请忽略此步骤。）

1.轻抖APP使用介绍

2.剪映APP使用介绍

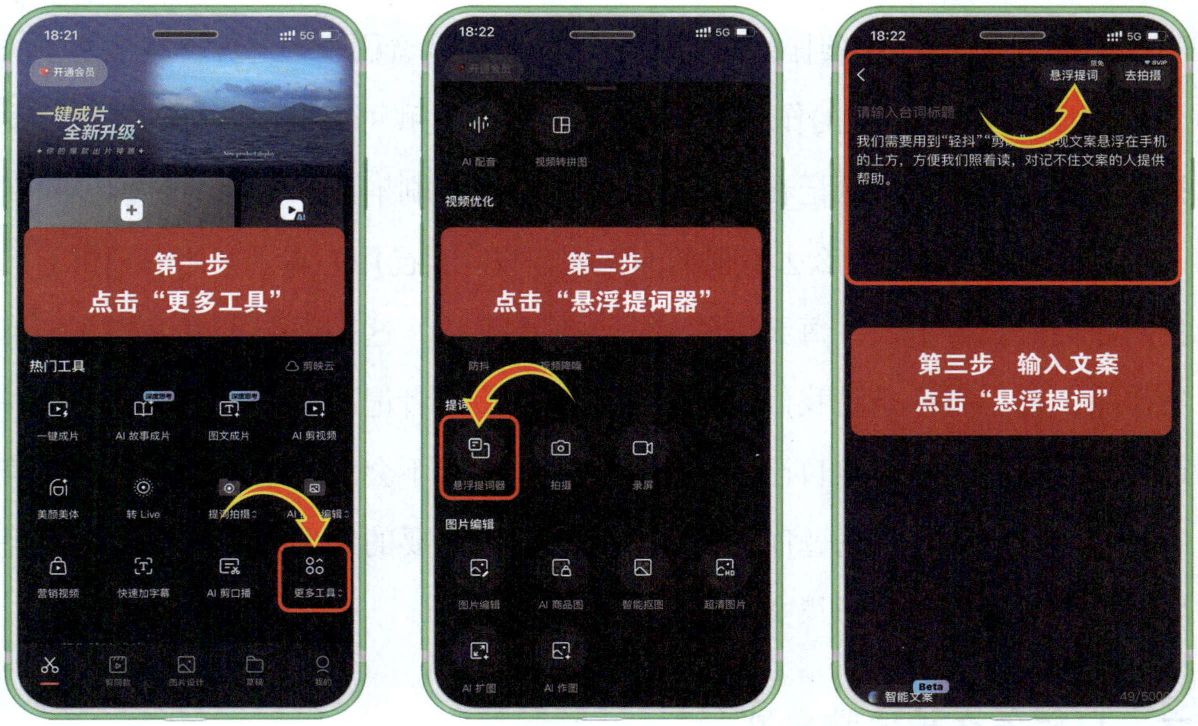

四、拍摄对口型作品时怎么显示歌词

五、怎么找到适合自己的选题

没有文案，也不找到自己适合拍什么。就去抖音刷视频。拆解其他博主的文案，思考为什么他们的作品流量这么好？哪些是我可以模仿的？只要能激发我的灵感，我就会立刻记在自己的备忘录里。在刷推荐页作品的时候，我们一定要带上十万个为什么去看他们的视频，只有自己用心看了、用心分析了，我们才会成长得更快，每天用两三个小时去互动，这期间至少可以刷一二百条作品，总会有一条是我们可以借鉴的。收藏或者记在自己的备忘录里，一定要养成随时随地积累自己的选题库，这样你才不会为文案发愁。一定要养成随时随地积累自己选题库的习惯，我们互动想要的结果是提升自己，即提高自己作品的质量，积累文案素材。

六、口播怎么拍比较自然

刚开始拍视频时你是不是也这样？明明脚本都写好了，却总是忘词。用提词器吧，整个人僵坐在那里，既尴尬又呆板。有个特别管用的方法，无论是在室内拍还是室外拍都适用——你拍视频的时候，只需要说一句台词就换一个场景。每次只记一句，一个场景说上十几遍，最后用剪映合成完整视频。拍视频不要板板正正的，观众不感兴趣，一秒就划走了。正确的方法是：一定要动起来，要不断切换场景——走着拍、坐着拍、站着拍都可以，关键是要保持动态，要让观众获得更多信息，表情可以夸张一点，说话语气夸张一点，手势动作也可以夸张一点。

七、拍口播视频横屏好还是竖屏好

口播视频选择横屏拍还是竖屏拍，本质上取决于你想呈现的内容，如果你是一位实体店老板，想告诉观众你的店很大、装修很上档次、产品很丰富或者店里的顾客有很多，那么你拍口播的时候，就选择横屏，横屏的画幅比较宽，会更大程度地展示出画面的信息，比如说周围的环境、场景、质感等。另外横屏的视频，上下有两处空白，知识博主可以放一个极具吸引力的标题和注解，有了这个具有吸引力的标题和注解，能够大大提高你的完播率。表现力不够好的创作者同学，建议您采用横屏拍摄，因为人物在横屏的画面里，会显得比较小，再配合你上下的这个字幕，会分散观众对你表现力的注意。还有参加“中视频计划”的一定要用横屏拍摄。如果你的表现力还不错，那就推荐竖屏来拍，因为观众在刷短视频的时候，手机都是竖着拿的，刷到你的时候，就感觉你近在眼前，瞬间拉近了距离，你在进行口播分享的时候观众就会不自觉地产生一种在看朋友、身边人的亲切感。

第194讲 云台赛道

一、云台直播前的准备工作

1.准备工作

（1）设备的准备：开播前要把设备调试好，一台手机直播提前收藏歌曲，两台手机直播，直播手机蓝牙关闭插接收器，伴奏手机蓝牙打开连接声卡。

（2）试播，开播前试播可以邀请1个好友去直播间看画面和设备是否连接成功。

2.避坑

（1）试播也要注意不要违规，注意敏感词，衣着要保持得体。

（2）不要开播之后再连接设备，调试声卡（因为只要打开直播间，平台就会推流，如果你的直播间没有声音、也没有音乐，推流接不住，平台就会被判定你是没有能力承接流量的人）。

【注意】开首播要邀请2~ 3个老铁助力。

3.开播操作

点击“+”号键，这个时候还没有进入直播间，在这个页面把美颜调到适合的参数，不要太过，脸部不要太苍白，云台夹上手机之后，手机的最高点在我们脖子以下，手机垂直放，不要倾斜，把接收器插在直播手机上面，如果是两台手机，其中一台用来伴奏的手机记得连接好蓝牙放音乐。这些准备工作全部做好，然后再点击进入直播间，这个时候就开始接流量。

4.时间点和时长

新人播一个小时到一个半小时，注意不要整点开播，不要经常改时间，最好固定时间播！因为抖音是个机器数据库，有记忆，刚开始两天可以换时间测试哪个时间段推流好，以后就固定哪个时间段播。

二、如何打造直播间画面、场景

我们都知道直播画面很重要。有句话叫场景大于内容、画面大于内容、看点大于内容。画面就是你的一个看点，你们要知道眼睛在前，耳朵在后，别人走进你直播间，他的第一反应是看，而不是听，所以说我们要从看点做起。

看点包含什么？

我们的直播场景就是你在哪里直播，户外直播、家里直播，如果你在户外就找一个好的地方，不要随便往那一堆一摆，后面背景去打造一下。

在家里播的情况下，如果你播的是云台走动直播间，记住直播的场景要稍微大一些，保证能够走动起来，包括你的屋里的摆设，能够有点颜色，这叫一个看点，如果你的身后是个大白墙，你输出的内容又不够吸引人，进入率就会降低、停留率也降低。既没有看点、又没有内容的直播间，凭什么让观众进来并停留呢？所以说，看点很重要。你的画面中包含了你的场景、服装、道具，还有语言表达和手势，每说一句话的时候，都要有手势，为什么？这都是一个看点，你在直播间站着不可以一动不动，需要和他们互动，需要有肢体动作。

三、云台赛道延伸话题，学会自问自答

问：我的镜头为什么会动？谁在跟拍？

答：没有人跟拍，姐妹们，我用了一个小可爱，我走到哪儿，它就跟到哪里，我就是靠它帮我做人气的，一会儿给你们看看我的小可爱，家人们你们

觉得我这样在家里走走路，扭一扭挣点生活费丢不丢人？丢人打个“丢人”，不丢人打“加油”！

问：家人们，有没有恐播不敢开播的？没有才艺，不会唱歌跳舞的，有没有？

答：我也恐播，怕播，干咱们这个赛道就是要放下面子，你们看我不会唱歌，读一读歌词，我也不会跳，就跟小可爱走走，转圈圈会不会？有人了赚点生活费，没人了就锻炼身体，这样的直播方式喜不喜欢，喜欢打“喜欢”！

问：开直播需要什么条件？

答：家人们，学习是免费的，开直播也是免费的，只要你年满18岁，有一个能刷抖音的智能手机就行，我就在大主播那里免费学习了3天就来，交了200多个粉丝就来开播了，你们粉丝不够打“不够”。我告诉你，抖音现在对我们新人有免费的扶持流量，只要你开播就给我们推人，这么好的创业机会，你们敢不敢来，敢的打“敢”，不敢打个“不敢”。

问：我们收入来源在哪里？

答：感谢所有送礼的家人，看到没有，这个就是我们的第一份收入，一颗心心1毛钱，下播就能提现，这只是其中的一部分，我们把直播间人气干起来了，还可以带货，像明星、网红那样，我看到很多普通人把直播干到百人，每天三位数、四位数，我学了一首歌，就来开干了，大主播只要开播就能挣钱，我今天也赚了几元钱，你们嫌不嫌少。

问：咱们这样的直播间怎么样玩？音乐来自哪里？

答：姐妹们，我直播间的音乐来自另外一部手机放歌，没有什么高大上的设备，就是个穷播，没有电脑、音箱，我是用两部手机，你们是几部？一部打“一部”，接下来这首歌曲完了，我教大家一部手机怎么玩！抖音现在有个K歌功能，免费给我们用的，你们知不知道，你们来听一下这个音质效果怎么样？不知道的等会儿会教你们！

四、如何锻炼自己的镜头感

1.什么叫镜头感？我为什么没有镜头感？

镜头感就是你站在镜头面前那种自信和状态，首先第一个状态，不是大喊大叫，自信是发自内心的。你要明白，当你是一个新人小白，然后变成了一个主播，第一次开直播，你已经比很多人优秀了，因为很多人他都不敢跨出这一步，所以说你很棒，先给自己点个赞。

第二个状态，状态是你站在镜头面前，那股力量，那股劲儿，状态并不是大喊大叫，状态就是你的精神，你的神情，你的表达，你的表情，所以说大家开直播的时候一定记住，你不能无精打采，哪怕咱们直播间里只有一个人，也要把它播出千军万马的那种气势。比如我在拍视频，一个人都没有，那我一样有自信，一样有状态。

2.怎么去练习我的镜头感？

记住一定是多播，看一百场都不如自己去播一场，天天看别人直播一看就会，一播就废，这就是你听多了，练少了，所以说镜头感，你的播感，你的状态是由咱们一场一场直播积累起来的。一定要明白，这个口才，这个嘴巴，谁都不是天生的，你也想要镜头感，就要千锤百炼，打开直播间，咱们要正确学习，用正确的路子。一个流程，天天去练练习你的镜头感，练习你的语言表达能力，练习你的一个状态，当你有了状态，有了镜头感之后，你不愁直播间没有人。

那么很多人说了，我直播间没有人，我就没有状态，你要明白，是你先有状态，直播间才会有人，不可能抖音给我们推几百人往这一放，你才有状态。

第195讲 手机绿幕直播